ペトロ文庫

教皇フランシスコ

ミサ・洗礼・堅信

—教皇講話集—

目次

洗　礼

本書は文庫オリジナルです。

文中、聖書の引用は原則として日本聖書協会『聖書 新共同訳』（二〇〇〇年版）を使用しました。ただし、漢字・仮名の表記は本文に合わせています。他の引用につきましても、用字等、一部変更を加えた箇所があることをお断りいたします。

はじめに

本書は、教皇フランシスコが行った三つのテーマの一般謁見連続講話を一冊にまとめたものです。「ミサ」をテーマにした二〇一七年十一月八日から二〇一八年四月四日までの十五回、「洗礼」をテーマにした同年四月十一日から五月十六日までの六回、「堅信」をテーマにした同年五月二十三日から六月六日までの三回、計二十四回の講話を収録しています。

「ミサ」に続く「洗礼」および「堅信」のカテケージスは、それが授けられる「式」の式次第に沿った解説を通して秘跡の本質を教えています。ですから本書は、全体を通して、コンパクトで親しみやすく、いかにもフランシスコ教皇らしいことばが散りばめられた、秘跡と典礼についての分かりやすい解説書になっています。

＊＊＊

教皇は子としての信頼をもって、神と会うために典礼に参加することの大切さを説いていますが、この三つの連続講話を通して読むと、一つの共通するテーマが浮かび上がってきます。それは「与えるために受けている」というメッセージです。

堅信においてわたしたちは「たまものである、聖霊のしるしを受け」ますが、それは神の恵みを「他の人々に与えるために受ける」ことなのだと教皇は強く説いています（140頁）。また、感謝の祭儀にあずかることは「他者に、とりわけ、貧しい人々に対して義務を負うこと」であるとも教えています（96頁）。それは、すべての兄弟姉妹のうちに、わたしたちが秘跡においてそのからだを受けたキリストが住まわれているからにほかなりません。「聖体は、わたしたちがキリスト者として生きるために、善行という実りを結べるよう強めてくれます」（91頁）。さらに、洗礼式での悪霊の拒否は、「神への信頼を具体的な行いに移すよう求められる、責任ある選択」であり、それは「他者を本当にかき抱《いだ》」こうとするために「分裂をもたら」す悪魔を拒否するのだと説いています（119―120頁）。

ここでさらに、教皇が釘を刺している次のことばを、肝に銘じる必要があるかと思います。

たとえ日曜日だとしてもミサに行く必要などない、重要なのはしっかり生活して隣人を愛することだから、という人には、何と答えたらよいでしょうか。確かにキリスト者の生活は、どれだけ愛することができるかによって量られます。……ですがそれに必要なエネルギーを、日曜日のたびに、エウカリスチアという尽きることのない源から引き出さないならば、どうして福音を実践することができるでしょう。神に何かを与えるためにではなく、わたしたちが本当に必要としているものを神から受けるためにミサに行くのです（36頁）。

隣人への愛の実践は、聖体の秘跡に養われてこそ可能となる——洗礼の秘跡を受けた者にとって当たり前であるはずの真理を、教皇はあらためて教えてくれます。

＊＊＊

「自分が洗礼を受けた日を覚えていなさい」「決して陰口をいってはなりません」——これまでフランシスコ教皇の講話を読んでこられた読者にとっては、もはやおなじみといってもよいこうした教えは、本書に収められた講話でもやはり繰り返されています。決して難解ではない教えを、こう何度も何度も繰り返し説き聞かされていると、もう聞き飽きたなどと思うどころか、かえって優しい父親に温かく人生を説かれている子どものような気持ちになってしまい、頭の上に載せられたその大きな掌のぬくもりが伝わってくるかのように思われてきます。

本書が多くのかたにとって、そんなパパ様の大きな愛を感じる一助になればと願ってやみません。

教皇フランシスコ

ミサ・洗礼・堅信——教皇講話集

カトリック中央協議会事務局　編訳

ミサ

はじめに

愛する兄弟姉妹の皆さん、おはようございます。

今日から新しい連続講話が始まります。教会の「心」である感謝の祭儀《エウカリスチア》を見ていきます。ミサの大切さと意味をよく理解することは、神とのきずなを深めながら生きるうえで、キリスト者には欠かせないことです。

二千年の歴史の中で、世界中で大勢のキリスト者が、感謝の祭儀を守り抜くために死を賭して抵抗したことを忘れることはできません。そして今日でもなお、いのちの危険にさらされながら主日のミサに参加している人がいること、それを忘れるわけにはいきません。ディオクレティアヌス帝による迫害下の三〇四年、北アフリカのキリスト者が集会所でミサをささげている最中に襲撃され捕らえられました。禁令にもかかわらず、なぜミサをささげたのかと、ローマ帝国の総督は尋問します。それに彼らは、「主日がなければ生きられません」と答えたのです。つまり、感謝の祭儀を祝うことができなければわたしたちは生きられない、わたしたちキリスト者の生は失われてしまうという意味です。

確かにイエスは、弟子たちにこういっておられます。「人の子の肉を食べ、その血を飲まなければ、あなたたちのうちにいのちはない。わたしの肉を食べ、わたしの血を飲む者は、永遠のいのちを得、わたしはその人を終わりの日に復活させる」（ヨハネ6・53―54）。

この北アフリカのキリスト者たちは、感謝の祭儀を祝ったために殺されました。彼らがあかししたのは、エウカリスチアのためにはこの世でのいのちを手放しうるということです。そうすることでわたしたちには永遠のいのちが与えられ、わたしたちは死に対するキリストの勝利にあずかる者となるからです。ミサのいけにえにあずかり、主の食卓に加わるということが、各人にとってどんな意味があるのかをわたしたち皆に問い、それぞれに答えるよう求めるあかしです。永遠のいのちの源である「生ける水のわき出す」泉を探していますか。己のいのちを賛美と感謝の霊的いけにえにしてくれる泉を、自分たちをキリストにおける一つのからだにしてくれる泉を、探していますか。「感謝する」という意味をもつ、エウカリスチアの根底にある意味は、父であり子であり聖霊である神、わたしたちに働きかけ、わたしたちをご自分の愛の交わりに加わるよう変えてくださるかたへの感謝なのです。

神の愛がこの信仰の神秘を通してどのように輝いているかをあらためて見る、つまり明確に認識するために、これからの連続講話によって感謝の祭儀《エウカリスチア》、ミサについての大事な問いのいくつかに答えていきたいと思います。

第二バチカン公会議は、信仰の大切さとキリストとの出会いのすばらしさをキリスト者が理解できるようにしたいとの思いに強く動かされるものでした。そのため何よりも必要だったのは、聖霊の導きのもとで、典礼を適切に刷新することでした。なぜなら教会はずっと典礼とともに生き、典礼の助けによって自らを新たにするからです。

公会議教父が強調した主要なテーマは、真の刷新には信者の典礼養成が不可欠だということでした。神が感謝の祭儀を通してわたしたちに与えてくださるすばらしい贈り物についての理解を深めることは、今日から始まるこの連続講話の目的でもあります。

感謝の祭儀は、わたしたちのいのちであるイエス・キリストが現存する、驚くべき出来事なのです。ミサに参加することは、「あがないをもたらす主の受難と死を再び味わうことなのです。ミサは、この世の救いのため、主が御父に自らをささげて祭壇の上に現存しておられる、目に見える神の顕現です」（宿舎サンタマルタでの説教、二〇一四年二月十日）。主はそこに、わたしたちとともにおられます。わたしたちはしょっちゆう、司祭が感謝の祭儀を執り行っている最中に、そこにいながらも、何かを見たり、ひそひそおしゃべりをしたりします。これでは主のそばで祝うことにはなりません。主がおられるのに！　もし今日ここに、イタリアの大統領や世界的な要人がいたとしたら、その人のそばに行こうとしたり、歓迎しようとするはずです。考えてみてください。ミサに行けば、主がそこにおられるのですよ！　それなのにあなたは気もそぞろです。主ですよ！　どうかこのことを考えてください。「神父様、それはミサが退屈だということですよ」。「おやおや、何をいうのです。主が退屈だとでもいうのですか」、「いいえ、ミサではなくて、司祭たちのことです」。「なるほど。司祭でしたらありえますね。でも、そこにおられるのは主なのです」。分かりますよね。「ミサに参加することは、あがないをもたらす主の受難と死を今一度味わうことなのです」。どうかこのことを忘れないでください。

さて、いくつかの単純な質問をしてみましょう。どうしてミサの最初に十字架のしるしをして回心の祈りをささげるのか、といったようなものです。ところで、少しそれますが別の質問です。子どもたちがどのように十字を切っているか見ていますか。あなたは、子どもたちがちゃんと十字架のしるしをしているか、それともいい加減にしているか、分かっていないでしょう。こんなふうにしています（教皇は雑な十字架のしるしをする)。ちゃんと十字架のしるしができるよう子どもに教えなければなりません。この所作をして、ミサが始まり、生活が始まり、一日が始まります。この所作は、わたしたちが主の十字架によってあがなわれていることを意味します。子どもたちに目を配り、十字架のしるしのしかたをきちんと教えてください。さて、ミサでの聖書朗読ですが、なぜするのでしょうか。主日には三つの朗読をして、ほかは二つなのはなぜでしょうか。なぜ朗読があるのでしょう。ミサでの聖書朗読には、どんな意味があるのでしょうか。どうして朗読するのか、何が目的なのでしょうか。祭儀を司式する司祭がミサの中で「心を高く上げよ(Sursum corda. 訳注：日本語ミサ典礼書では「心をこめて神を仰ぎ」)」というのはなぜでしょうか。司祭は「携帯電話を高く掲げてください。写真のチャンスですよ」といっているのではありません。違います、だめです。いいですか。サンピエトロのこの広場や大聖堂でミサをささげているときに、多くの人が、信者ばかりか司祭やなんと司教たちも、携帯電話を高くかざしているのを見るととても悲しくなります。どうかお願いします。ミサはショーではないのです。主の受難と復活を目撃するものです。だからこそ司祭は「心を高く上げよ」というのです。どういう意味でしょう。いいですか、携帯電話のことではありませんよ。

諸秘跡の中で触れたり見たりするものを通して、根っことなるものに立ち帰り、なくてはならないものを今一度確認するのは、とても大切なことです。イエスのからだの釘《くぎ》跡を見てよいか、それに触れてよいかと尋ねた使徒聖トマスの問いかけ（ヨハネ20・25参照）は、神を信じるためにどうしても神に「触れたい」という強い願いの表れです。聖トマスが主に願ったものは、わたしたち皆に必要なものです。秘跡とは、人間のこうした必要にこたえるものです。諸秘跡――なかでもとりわけ感謝の祭儀――は、神の愛のしるしであり、神と会う特別な方法なのです。

そこで、わたしは今日から始まるこの連続講話を通して、感謝の祭儀に隠れているすばらしさを皆さんと一緒に再発見したいと思います。そしてそれを露わにすることで、各自の人生を意味深いものにしたいと思います。この新しい旅路におとめマリアが寄り添ってくださいますように。ありがとうございます。

（二〇一七年十一月八日、サンピエトロ広場にて）

祈り

愛する兄弟姉妹の皆さん、おはようございます。

ミサに関する連続講話を続けましょう。感謝の祭儀のすばらしさを理解するために、ごく分かりやすい部分からお話ししようと思います。それは、ミサは祈りであるということです。しかも、至高の祈り、もっとも崇高で卓越した祈りであり、さらにはもっとも「具体的な」祈りでもあります。まさに、みことばと、イエスのからだと血を通しての、神との愛の出会いなのです。主との出会いなのです。

ですがまず、一つの問いに答えなければなりません。祈りとはいったい何でしょうか。祈りとは、何よりもまず対話であり、神との人格的なかかわりです。人間は、神と人格的な関係をもつ存在として造られました。自らの完全なる自己実現は、創造主との出会いによってのみかなうのです。いのちの道は、主との決定的な出会いへと向かうものなのです。

創世記には、人は神にかたどり、その似姿として造られたことが記されています。神は、御父であり、御子であり、聖霊であり、一つに結ばれた、愛の完全なる交わりです。ここから分かるのは、わたしたちはだれもが、自らの存在の充満を得られるように、自分自身を与え、受けることを続けながら、愛の完全なる交わりに加わるよう造られたということです。

燃える柴《しば》の前で神の呼びかけを聞いたとき、モーセは神の名を尋ねます。神は何と答えましたか。「わたしはある。わたしはあるという者だ」（出エジプト3・14）ですね。この表現は、その意味のとおり、現存と恩恵を表しています。だからその直後に神は「あなたたちの先祖の神、アブラハムの神、イサクの神、ヤコブの神である主」（15節）と付け加えておられます。だからキリストもまた、弟子たちを招くとき、ご自分と一緒にいるよう彼らに求めるのです。だから、ミサ、感謝の祭儀を、イエス人と、そしてイエスを通して神と、そして兄弟姉妹とともにある特別な機会として味わえることとは、最高の恵みなのです。

祈るということはまた、あらゆる真の対話がそうであるように、沈黙するすべを心得ていることです。対話の中には沈黙があります。イエスとともにあっての沈黙です。ミサに行くと、五分ほど前に到着して、隣の人とおしゃべりを始めるかもしれません。

でもその時間はおしゃべりの時間ではありません。対話に向けて心を整えるための沈黙の時です。イエスと会うのに備えて集中する時です。沈黙はとても重要です。先週話したことを覚えていますか。わたしたちはショーを見に行くのではなく、主に会いに行くのです。そして、沈黙がその準備をさせ、わたしたちは沈黙をもってそうするのです。イエスとともに、沈黙に浸ること。神の神秘的な沈黙から、わたしたちの心に響く神のことばがわき出るのです。御父とともに「ある」とは具体的にどのようなことかを、イエスご自身が教えてくださいます。そしてご自分の祈りを通して、それを示してくださいます。福音書には、イエスは祈るために人目につかない場所に下がったことが記されています。弟子たちは、御父とのこの親しい関係を目の当たりにして、自分たちもそれに加わりたいと願い、イエスに頼みます。「主よ、……わたしたちにも祈りを教えてください」（ルカ11・1）。この箇所は、今日の一般謁見の始めに第一朗読で聞きました。イエスは、祈りにまず必要なのは、「お父さん」と呼びかけることだと答えます。ここがポイントです。神に「お父さん」といえないなら、祈ることはできません。わたしたちは「お父さん」といえるようでなければなりません。それによって、子としての信頼をもって神と向き合える自分でいなければなりません。しかしそれが身に着くようになるには、教わらなければならないということを謙虚に認め、「主よ、わたしに祈ることを教えてください」と素直に口にすることです。

第一の点は次のとおりです。すなわち謙虚になること、自分が子であることを受け入れ、御父のもとに憩い、御父を信頼することです。天の国に入るためには、子どものように小さな者でなければなりません。子どもは信頼することができるという意味です。だれかが、自分の世話をし、食べ物のこと、着る物のこと、その他のことを世話してくれると分かっています（マタイ6・25―32参照）。親に対する子どものような、信用と信頼、これが第一の姿勢です。神はあなたのことをいつも心に留め、気に掛けておられることを忘れないことです。あなたのこと、わたしのこと、そしてすべての人のことをです。

第二の性質、これも子どもの特徴ですが、それは驚かされるということです。世界を知りたいから、子どもは四六時中たくさん質問をしています。そしていちいちびっくりしています。その子にとっては、あらゆることが新鮮だからです。天の国に入るためには、驚かされるようでなければなりません。お尋ねしますが、主とのかかわりの中で、祈りを通して、びっくりしていますか。それとも祈りとは、神に向かってオウムのように話すことだと思っていますか。それは違います。驚かされるために、信頼して心を開くことです。いつも驚かせる神である、その神によって驚かされるようでいますか。主との出会いは必ずや生きた出会いであり、博物館の展示品を見るのとは違います。生き生きとした出会いです。わたしたちは博物館ではなく、ミサに行くのです。主との生き生きとした出会いの場に向かいましょう。

ユダヤ人たちの議員であるニコデモという老人のことが福音書で語られています（ヨハネ3・1—21）。ニコデモはイエスのことを知ろうと、そのかたのもとに行きます。するとイエスは、「新たに生まれる」（3節参照）必要性をニコデモに語ります。一体何のことでしょうか。わたしたちは「新たに生まれる」ことができるでしょうか。何度つらい思いをしても、人生にまた、楽しいことやうれしいこと、驚きを、取り戻すことができるでしょうか。これはわたしたちの信仰にとって基本的な要求であり、真の信者はだれもが願い求めていることです。生き返ることができたらという願い、もう一度やり直せる喜びです。そうした願いをもっていますか。それぞれ、主に会うためにつねに新たに生まれたいという願いを抱いているでしょうか。皆さんはそうした願いをもっていますか。確かに人は、いとも簡単にその願いを忘れてしまいます。やることが多すぎて、こなさなければならない予定も多すぎて、時間がなくなってしまい、基本的なことを、つまり内的生活、霊的生活、祈りのうちに主に会う生活を見失ってしまうのです。

実のところ主は、弱さをもつわたしたちをも愛してくださることを示して、わたしたちを驚かせています。「イエス・キリスト……こそ、わたしたちの罪、いや、わたしたちの罪ばかりでなく、全世界の罪を償ういけにえです」(一ヨハネ2・2)。この恵み、まことの慰めの源――まったく、主はいつでもわたしたちをゆるしておられます――、それによりわたしたちは慰められます。これこそが真の慰めであり、エウカリスチアを通してわたしたちに与えられる恵みです。感謝の祭儀という婚宴は、花婿がわたしたちの弱さと出会う場です。ミサで聖体を頂くとき、主がわたしたちの弱さと出会っているといってもよいでしょうか。もちろんです。本当のことですから、そういってよいのです。主は、神にかたどり、その似姿として造られた存在になるという最初の召命に連れ戻すために、わたしたちの弱さに出会われます。それこそが、感謝の祭儀で起きていることであり、これが、祈りというものなのです。

(二〇一七年十一月十五日、サンピエトロ広場にて)

キリストの過越の神秘の記念

愛する兄弟姉妹の皆さん、おはようございます。

ミサに関する講話を続けるにあたり、振り返ってみましょう。ミサとは本質的に何でしょうか。ミサは、キリストの過越の神秘の記念です。ミサは、罪と死に対するイエスの勝利にわたしたちをあずからせてくれます。そして、わたしたちのいのちに完全な意味を与えます。

ですからミサの大切さを知るためにはまず、「記念」ということばの聖書的意味を理解する必要があります。それは「過去の出来事を単に想起することでは（ありません）。……出来事は何らかのかたちで現存し、現在化されます。イスラエル人たちは、エジプトからの解放を記念する過越祭《パスカ》を行うたびに、それによって自分たちの生活が活性化できるように、解放の出来事が信者たちの記憶の中によみがえってくる、と理解しています」（『カトリック教会のカテキズム』1363）。イエス・キリストは、その受難と死、復活、昇天によって過越《パスカ》を完成させました。そしてミサは、そのかたの過越、「脱出《エクソドス》」の記念です。イエスの「脱出《エクソドス》」はわたしたちのために、わたしたちを奴隷状態から救い出し、永遠のいのちに至る約束の地へと導くために果たされたことです。単なる思い出ではありません。違います。それ以上のものです。二千年前に起きたことを現に在《あ》るものとすることなのです。

感謝の祭儀はわたしたちを、神の救いのわざの頂点に必ず導いてくれます。主イエスはわたしたちのために裂かれたパンとなられ、十字架上でなさったとおり、ご自分のあわれみと愛とをわたしたち皆に注いでくださいました。それによって、わたしたちの心と生活、わたしたちのご自分とのかかわり方、兄弟姉妹とのかかわり方をも新しくするためです。第二バチカン公会議はいいます。「「キリストがわれわれの過越の小羊として屠《ほふ》られた」（一コリント5・7）十字架の犠牲が祭壇で行われるたびごとに、われわれのあがないのわざが行われる」（『教会憲章』3）。

どの感謝の祭儀も、イエス・キリストという沈まぬ太陽の光線です。ミサに参加することと、とくに主日に参加するということは、復活したかたの勝利にあずかり、その光に照らされ、その熱に温められることです。感謝の祭儀を通して聖霊がわたしたちを、死を免れないわたしたちの存在すべてを変えることのできる、神のいのちにあずからせてくれます。死を超えいのちへ、時を超え永遠への過越《パスカ》で、主イエスはご自分とともに復活《パスカ》にあずかるようにとわたしたちをも連れていってくださいます。ミサの中で過越が祝われます。わたしたちはミサの中で、死んで復活したイエスとともにあり、イエスはわたしたちを、先へ、永遠のいのちへと、連れていってくださいます。ミサの中でわたしたちはイエスと一つになります。いやまさしく、イエスはわたしたちのうちで生き、わたしたちはイエスのうちで生きるのです。「わたしは、キリストとともに十字架につけられています」とパウロはいいます。「生きているのは、もはやわたしではありません。キリストがわたしのうちに生きておられるのです。わたしが今、肉において生きているのは、わたしを愛し、わたしのために身をささげられた神の子に対する信仰によるものです」（ガラテヤ2・19―20）。パウロはこのように考えていたのです。

確かに、イエスの血がわたしたちを死とその恐怖から解き放ちます。肉体的な死の支配から解放するだけでなく、悪や罪という精神的な死からも解放してくれます。悪と罪は、自分自身の罪や他の人々の罪の犠牲者となるたびに、わたしたちを拘束するのです。そうしてわたしたちのいのちは汚され、美しさは失われ、意義が損なわれ、しおれていきます。

ところがキリストは、いのちを取り戻してくださいます。キリストはいのちの充満だからです。キリストは死と対決したとき、それを永遠に滅ぼしました。「死者のうちから復活して、死を滅ぼし、いのちを新しくしてくださいました」(第四奉献文)。キリストの復活《パスカ》は、死に対する決定的な勝利です。なぜならキリストは、ご自分の死を至高なる愛のわざに変えてくださったからです。そのかたは、愛のために死なれたのです！　そしてイエスは感謝の祭儀の中で、そのご自分の過越の愛を、勝利の愛を伝えようとしています。それを信仰をもって受け入れるなら、わたしたちもまた、神と隣人を真に愛することができるでしょう。イエスがわたしたちを愛してくださったように、いのちを差し出して愛するのです。

自分のうちにキリストの愛があれば、自身をまるごと他者へと差し出せるはずです。たとえだれかに傷つけられたとしても、自分は決して死ぬことはないという確信があるからです。そうでなければ、己を守ろうとするはずだからです。殉教者は、まさに死に対するキリストのこの勝利への確信ゆえに、自らのいのちをささげます。キリストのこの力に、その愛の力にあずかってこそ、無償で、恐れることなく自らをささげられるのです。イエスの受難、死、復活、昇天に加わること、それがミサです。ミサに行く――それはまるでカルワリオ（されこうべ）に行くかのようなことです。まさにそうです。考えてみてください。ミサのときにカルワリオに向かうのだとしたら――想像力を働かせて考えてみましょう――そこにおられるのはイエスです。それなのに、おしゃべりをしたり、写真を撮ったり、ミサを見世物のようにしてもよいのでしょうか。だめです。なぜって、イエスですよ！　わたしたちはきっと、沈黙し、涙を流し、そして救われた喜びを味わうはずです。ミサをささげに聖堂に入るときには、こう考えましょう。「イエスがわたしのためにいのちを投げ出してくださったゴルゴタに行くのだ」。そうすれば、見世物ではなくなります。この実に美しいもの、つまりイエスの勝利であるミサからわたしたちを遠ざけてしまう、おしゃべり、批評、そうしたものは消えていきます。

さてこれで、ミサを祝うたびに過越の祝祭がどのように現在化し作用するかがはっきりしたかと思います。これが、記念の意味です。感謝の祭儀に参加することで、わたしたちはキリストの過越の神秘にあずかり、キリストとともに死からいのちへと過ぎ越すために自分自身をささげられるようになります。それはゴルゴタにいるということです。ミサは見世物ではありません。受難の場となるのです。

（二〇一七年十一月二十二日、サンピエトロ広場にて）

なぜ日曜日にミサに行くのか

愛する兄弟姉妹の皆さん、おはようございます。

ミサに関する連続講話を続けます。今日は、なぜ日曜日にミサに行くのかについて考えてみましょう。

主日に感謝の祭儀を行うことは、教会生活の中心です（『カトリック教会のカテキズム』2177参照）。わたしたちキリスト者が主日にミサに行くのは、復活した主に会うためですが、もっとはっきりいうならば、主に会っていただき、みことばを聞き、主の食卓で自らを養っていただくため、そうして教会になるため、すなわちこの世にあるキリストの生きた神秘体となるためなのです。

イエスの弟子たちは、当初からこのことを理解していました。彼らは一週間のうちで、ユダヤ人が「週の初めの日」と呼び、ローマ人が「太陽の曜日」と呼んだ日に、聖体における主との出会いを祝っていました。福音朗読で耳にしているとおり、その曜日に、イエスは死者のうちから復活し、弟子たちの前に現れ、彼らと話し、一緒に食事をし、聖霊を授けたからです（マタイ28・1、マルコ16・9―14、ルカ24・1―13、ヨハネ20・1―19参照）。聖霊が豊かに降《くだ》り注いだ五旬祭も、イエスの復活から五十日目の日曜日の出来事でした。こうした理由から、日曜日はわたしたちにとって聖なる日であり、わたしたちの間での、わたしたちのための、主の生きた現存であるエウカリスチアを祝うことで、聖なる日とされるのです。ですから日曜日をキリスト教らしくするのは、ミサなのです。キリスト者にとっての日曜日は、ミサを中心にできています。キリスト者にとって、主と会わない主日とは何なのでしょう。

残念なことに、毎日曜日にはミサをささげられないキリスト教共同体もあります。しかし彼らもまた、この聖なる日に、黙想し、主の名によって集い、祈り、みことばに耳を傾け、聖体を求める熱い思いを保つよう求められています。

一部の世俗化された社会では、聖体によって照らされた、日曜日のキリスト教的意義が失われています。残念です。そうした状況では、祝祭の意味、喜びの意味、小教区や連帯の意味、心身を立て直す休息の意味を回復させるために、その意識を取り戻さなければなりません（『カトリック教会のカテキズム』2177―2178参照）。感謝の祭儀は、これら大切なものすべてについて、主日のたびに手本を示します。ですから第二バチカン公会議は、「主日は、信者の信仰心に明示し、刻み込まなければならない根源的な祝日であり、こうして、喜びの日、仕事を休む日にもなる」（『典礼憲章』106）ことを再確認しようと考えたのです。

紀元後数百年の間は、日曜日に仕事を休む習慣はありませんでした。まさにキリスト教によって、休日となったのです。ユダヤ人は聖書の伝統に従って土曜日に休みますが、古代ローマの社会では、奴隷の労働には週に一日も休みがありませんでした。日曜日を――ほぼ全世界的に――休息の日としているのは、感謝の祭儀に力づけられながら、奴隷としてではなく神の子として生きるというキリスト教的な意識からだったのです。

キリストなしでは、わたしたちは日々の疲れに、また日常の心配事や将来への不安に支配されてしまいます。主日に主と会うことで、自信と勇気をもって今日を生き、希望をもって前に進む力が与えられます。だからこそわたしたちキリスト者は、感謝の祭儀を通して日曜日に主に会いに行くのです。

復活したかた、永遠に生きておられるかた、イエスとの聖体による交わりは、日没のない主の日を予感させます。もはや苦労などなく、痛みも、悲しみも、涙もなく、主とともに、生き生きとした、いつまでも続く喜びだけで満たされる日です。その幸せな安息についても、主日のミサはわたしたちに語り、その週の間、自分の身を天におられる御父のみ手にゆだねるようにと導いてくれます。

たとえ日曜日だとしてもミサに行く必要などない、重要なのはしっかり生活して隣人を愛することだから、という人には、何と答えたらよいでしょうか。確かにキリスト者の生活は、どれだけ愛することができるかによって量られます。イエスがいわれたとおりです。「互いに愛し合うならば、それによってあなたがたがわたしの弟子であることを、皆が知るようになる」(ヨハネ13・35)。ですがそれに必要なエネルギーを、日曜日のたびに、エウカリスチアという尽きることのない源から引き出さないならば、どうして福音を実践することができるでしょう。神に何かを与えるためにではなく、わたしたちが本当に必要としているものを神から受けるためにミサに行くのです。わたしたちはこのことを、神に向けて教会がささげる祈りの中で思い起こします。「あなたはわたしたちからの賛美を求めたことはありません。ですがあなたからのたまものゆえに、わたしたちは感謝をささげます。わたしたちの賛美は、あなたの偉大さに何も増し加えず、ただひたすらにわたしたちの救いの助けとなるのです」(叙唱—共通四)。

結局、なぜ日曜日にミサに行くのでしょうか。教会の決まりだからと答えるだけでは不十分です。決まりは、ミサの重要性を大切にする助けにはなりますが、それだけでは足りません。わたしたちの中に、そしてわたしたちの間に生けるその現存としてのイエスの恵みによってのみ、わたしたちはそのかたの命令を実践でき、そうしてようやく、イエスの信頼に足るあかし人となれるのです。だからこそ、わたしたちキリスト者は主日にミサに行く必要があるのです。

（二〇一七年十二月十三日、パウロ六世ホールにて）

開　祭

愛する兄弟姉妹の皆さん、おはようございます。

今日は、感謝の祭儀の中身に入ろうと思います。ミサは、二部構成になっています。ことばの典礼と、感謝の典礼です。この二つは、一つの礼拝行為となるように相互に固く結ばれています（『典礼憲章』56、「ローマ・ミサ典礼書の総則」28参照）。この祭儀は、いくつかの準備の儀式が導入となり、他の儀式で締めくくられて一つの全体になっており、それぞれを切り離すことはできません。ですが分かりやすく、いくつかに分けて説明しようと思います。どの部分も、わたしたちの人間的部分に触れ、そこに作用するものです。ミサをくまなく味わい、そのすばらしさを十全に堪能するためには、そうした聖なるしるしを理解する必要があります。

会衆が集まると、祭儀は開祭の式をもって始まります。そこには、司式司祭や共同司式者の入堂、あいさつ――「主は皆さんとともに」あるいは「平和が皆さんとともに」――、回心の祈り――「(全能の神と兄弟の皆さんに) 告白します」といって自分たちの罪のゆるしを請う――、あわれみの賛歌、栄光の賛歌、集会祈願が含まれます。集会祈願 (collecta) は、献金を集めるから「集」なのではなく、すべての人の祈りの意向を集めるからです。一人ひとりの願いを集めたものが、一つの祈りとなって天に昇っていきます。「一つに集まった信者が一致するためであり、また神のことばを正しく聞き、「感謝の祭儀」をふさわしく行うよう自らを整える」(「ローマ・ミサ典礼書の総則」46) のが、これらの式、つまり開祭の目的です。時計を見ながら、「間に合った、説教の後に到着したから、これで義務は果たせた」とつぶやくのはよいことではありません。ミサはこの開祭の式から、十字を切るところから、始まるのです。そのときに、共同体として神への賛美を始めるからです。ですから遅刻しないで、始まる前に来られるようにすることが大切です。この儀式のため、この共同体の祭儀のために心を整えるためです。

通常は、入祭の歌が歌われ、司祭は他の奉仕者とともに行列して内陣に入ります。そして祭壇に、崇敬のしるしとして深く礼をして表敬し、さらに祭壇に接吻《せっぷん》し、香があれば献香します。なぜでしょうか。祭壇はキリストだからです。祭壇はキリストのかたどりなのです。祭壇を見ているときは、まさにキリストのおられる場を見ているのです。祭壇はキリストです。気づかないかもしれませんが、これらの動作はとても重要です。それらは、ミサが、「ご自分のからだを十字架上でいけにえとし、……祭司、祭壇、小羊」（叙唱―復活五参照）となられたキリストとの愛のある集いであることを、冒頭から示しているからです。キリストの象徴である祭壇は事実、「感謝の祭儀によって実現される感謝の行為の中心」（「ローマ・ミサ典礼書の総則」296）であり、共同体全体は、キリストである祭壇の周りに、互いを見つめ合うのではなく、キリストを見つめるために集います。キリストは離れたところにではなく、共同体の中心におられるからです。

次に、十字架のしるしがあります。司式司祭は自分に十字架のしるしをして、会衆も皆同じことをします。典礼の行為は「父と子と聖霊のみ名によって」行われるということを意識してそうします。ここで、ちょっと別のことを少し話したいと思います。子どもたちがどんなふうに十字を切っているか見たことがありますか。子どもたちはよく分からずにしています。十字架のしるしにはなっていないときがあります。お母さん、お父さん、おじいさん、おばあさん、お願いします。子どもたちに、小さなころから、正しく十字架のしるしができるよう教えてください。そしてそれは、イエスの十字架に守られて生きることだと説明してください。では話を戻します。ミサは十字架のしるしから始まります。祈り全体が、無限の交わりの場である、いわば聖なる三位一体の神の領域で進行します――「父と子と聖霊のみ名によって」――。その起源と目的地は、キリストの十字架によってわたしたちに示され与えられた、唯一にして三位の神の愛です。キリストの過越の神秘はまさに、三位一体の神のたまものであり、聖体はその刺し貫かれた心臓から流れ続けています。ですからわたしたちは、十字架のしるしをしながら、自分の洗礼を思い起こしているだけではありません。それはまた、典礼で唱える祈りとは、わたしたちのために人となり、十字架上で死に、栄光のうちに復活されたかた、イエス・キリストを通して神と会うことだと示すことでもあるのです。

その後司祭は、「主は皆さんとともに」、あるいはそれに類することば（いくつかあります）をもって典礼でのあいさつをします。会衆は「また司祭とともに」とこたえます。対話です。ミサの始めから参加して、こうした動作とことばの意味をすべて思い起こさなければなりません。わたしたちは「交響曲」に加わるのです。そこには、参加するすべての人で「ハーモニー」を奏でようと、沈黙も含め、さまざまな声の音色が響いています。つまり、自分たちが唯一の霊に促され、同じ目的に向かっていることを確認しようとしているのです。事実、司祭の「あいさつと会衆の応答は、ともに集まった教会の神秘を表」（「ローマ・ミサ典礼書の総則」50）しています。そうして共通の信仰と、主とともにいたい、共同体全体で一致していたいという共通の願いを表現するのです。

これこそ祈りの交響曲です。そこからすぐに、とても感動的な場面に移ります。司式者は、それぞれの罪を認めるよう皆を招くのです。わたしたちはだれもが罪人です。分かりませんけれど、ひょっとしたら皆さんの中には、罪人ではないという人もいるかもしれません。罪人でないというかたがおられましたら、皆さんに分かるように手を挙げてくださいますか。どなたも手を挙げませんね。いいでしょう。皆さんはちゃんと信仰をおもちです。わたしたちは皆罪人です。だからこそミサの最初にゆるしを願うのです。それが、回心の祈りです。それは犯した罪を思い起こすことだけでなく、それ以上のことです。神殿にいた徴税人のように、神の前で、共同体の前で、そして兄弟姉妹の前で、謙虚に、心から、自分が罪人だと告白するようにという招きです。感謝の祭儀が本当に、過越の神秘、すなわち死からいのちへのキリストの過越を現存させるのであれば、まずしなければならないことは、いかに自分が死の状態にあるかを認めることです。キリストとともに新しいいのちに復活できるようになるためです。これで、回心の祈りがどれほど大切なものであるかが分かります。これについては、次の講話で続けます。

ミサについての説明は、順を追って進めていきましょう。それはそうと、どうかお願いします。きちんと十字架のしるしを覚えるよう、子どもたちに教えてください。

（二〇一七年十二月二十日、パウロ六世ホールにて）

回心の祈り

愛する兄弟姉妹の皆さん、おはようございます。

感謝の祭儀に関する連続講話を再開します。今日は開祭における回心の祈りについて考えましょう。回心の祈りは簡潔なかたちで、聖なる神秘をふさわしく祝う心を準備する姿勢を支えます。すなわち、神と兄弟姉妹の前で自分の罪を認め、自分が罪人であることを認められるようにします。事実、祈りによる司祭の招きは、共同体全体に向けられています。わたしたちは皆、罪人だからです。自分のことばかり考え、自分の成功のことで心がいっぱいの人に、主は何を与えることができるでしょうが。何もありません。なぜなら、思い上がった人は、自分が正しいと思い込んでそれに満足し、ゆるしを受けることができないからです。ファリサイ派の人々と徴税人のたとえを思い出してみましょう。後者の徴税人だけが義とされて、つまりゆるされて、家に帰りました（ルカ18・9―14参照）。自分の惨めさを自覚し、謙虚にこうべを垂れる人は、自分に注がれている神のあわれみ深いまなざしを感じるのです。自分の過ちを認めてゆるしを請う人だけが、相手の理解を得てゆるされることを、わたしたちは体験から知っています。

自分の良心の声を黙って聞くことでわたしたちは、自分の考えが神の思いと隔たっていること、自分のことばと行いがしばしばこの世的であって、福音に逆らう選択肢に振り回されていることに気づきます。だからこそミサの始めに、一人称単数で唱える一般告白の形式をもって、共同体として回心の祈りをささげるのです。各自が、神と兄弟姉妹に対して、「わたしは、思い、ことば、行い、怠りによってたびたび罪を犯しました」と告白するのです。そうです。怠りによって、つまり、できたはずの善行をせずに放っておくことによってもまた、罪を犯すのです。わたしたちはよく、「だれも傷つけていない」などといって、いい気になっています。実のところ、隣人を傷つけていないだけでは十分ではありません。イエスの弟子であることをしっかりとあかしする機会を捉え、よい行いを選ばなければなりません。神に対してと兄弟姉妹に対しての双方に、自分は罪人であると白状することを重視するのはよいことです。それは、罪にはわたしたちを神から引き離すと同時に、兄弟姉妹からも引き離し、また逆に、兄弟姉妹をわたしたちから遠ざける側面があると理解する助けとなります。

罪は、断つのです。神とのかかわりを断ち、兄弟姉妹との交わり、家庭、社会、共同体での交わりを断ちます。罪は必ず、断ち切り、隔て、分断するのです。

わたしたちが口で発する文言には、胸を打つ動作が伴います（訳注：日本の適応では手を合わせて頭を下げる）。それは、自分が罪を犯したのは人のせいではなく、ほかでもない自分の責任だと認める動作です。実際わたしたちは、恐れや恥ずかしさからほかの人を指さして非難します。自分が間違っていると認めるには覚悟が必要ですが、まっすぐな気持ちで告白をすれば、それは自分のためになります。罪を認め告白してください。ある年老いた宣教師が話してくれた、告白をしに来た女性の話を思い出します。その女性はまず、夫の落ち度から話し出したそうです。次にしゅうとめの落ち度を語り、それから近所の人の過ちについて語ったそうです。ある時点で、聴罪司祭は彼女にこういったそうです。「さて奥さん、よろしいでしょうか。終わりですよね。それはよかった。他の人の過ちについては終えましたね。では、あなたの過ちを聞かせてください」と。あなた自身の過ちを語るのです。

罪の告白後、聖母マリアと、すべての天使と聖人に対し、わたしたちのために主に祈ってくれるよう願います。ここでも聖徒の交わりは大切です。つまりわたしたちは、「兄弟であり模範」（叙唱―諸聖人［十一月一日］参照）であるかたがたの執り成しに支えられ、神との完全な交わり、罪が決定的に滅ぼされるときに向けて歩んでいるのです。「告白します」と唱えるもののほかに、別の形式の回心の祈りもあります。たとえば「神よ、あなたに対し罪を犯したわたしたちをあわれんでください。いつくしみを示し、救いをお与えください」（詩編123・3、エレミヤ14・20、詩編85・8参照）というものです。またとりわけ主日であれば、すべての罪を洗い流す洗礼を思い起こして、水の祝福と灌水《かんすい》を行うこともできます（「ローマ・ミサ典礼書の総則」51参照）。ほかに回心の祈りの一部として、あわれみの賛歌（キリエ・エレイソン）を唱えることもできます。これは古代ギリシア語で主（キリオス）を賛美し、そのあわれみを嘆願するものです（同52参照）。

聖書には「悔い改める」人物の輝かしい模範が、記されています。罪を犯した後で我に返り、勇気をもって仮面を脱ぎ、心を新たにする恵みに自らを開いた人たちです。ダビデ王と、彼の作とされる詩編のことばを思い出してみましょう。「神よ、わたしをあわれんでください。御いつくしみをもって、深いあわれみをもって、背きの罪をぬぐってください」（詩編51・3）。父親のもとに戻った放蕩息子のことを思い浮かべてみましょう。「神様、罪人のわたしをあわれんでください」（ルカ18・13）。そして、聖ペトロ、ザカリヤ、サマリアの女のことを思い浮かべてみましょう。自分たちはもろい土で形づくられている者なのだと自覚できるかは、わたしたちをたくましくするための試験です。そこでわたしたちは自分の弱さを考慮するようになり、自分を変え、回心させてくださる神のあわれみを心を開いて求められるようになるのです。これこそが、ミサの始めに、回心の祈りを通して行っていることなのです。

（二〇一八年一月三日、パウロ六世ホールにて）

栄光の賛歌と集会祈願

愛する兄弟姉妹の皆さん、おはようございます。

感謝の祭儀についての連続講話ではこれまで、うぬぼれを脱ぎ捨て、罪人であることを自覚し、ゆるしを願い、ありのままで神の前に出るよう、回心の祈りがわたしたちを促してくれることを見てきました。

人間のみじめさと神のあわれみが出会うときにこそ、「栄光の賛歌（グロリア）」に表される感謝が、生き生きとしたものとなるのです。「栄光の賛歌は、きわめて古いとうとぶべき賛歌であって、聖霊のうちに集う教会は、この歌をもって神なる父と小羊をたたえ、祈る」（「ローマ・ミサ典礼書の総則」53）。

この賛歌の出だし「天のいと高きところには神に栄光」は、天と地を包む喜ばしい知らせである、ベツレヘムでのイエスの誕生の際の天使の歌から取られています。この歌は、祈りに集うわたしたちにもかかわるものです。「天のいと高きところには神に栄光、地には善意の人に平和あれ」。

「栄光の賛歌」の後、もしくはそれがない場合には回心の祈りの後、「集会祈願(collecta)」と呼ばれる祈願において、固有の形式を取る祈りをします。年ごとに日や季節に応じて変わる祭儀の性格が、集会祈願には表されます(同54参照)。「祈りましょう」という招きのことばで、司祭は自分とともにしばらく沈黙して祈るよう会衆を促します。自分が神のみ前にいることを意識し、皆に心の中で自分の願いを——会衆はそれをもってミサに参加しています——思い起こさせるためです(同54参照)。司祭は「祈りましょう」といい、それからしばらく沈黙します。そして一人ひとりが自分に必要なことや、願い求めたいことについて、祈りを通して考えます。

沈黙は、ことばを発しないことを指すだけでなく、それ以上に、他の声に耳を傾ける準備でもあります。心の声、そして何よりも、聖霊の声です。聖なる沈黙の性格は、それが典礼のどの場面で行われるかによります。「回心の祈りのときと祈願への招きの後には各人は自己に心を向ける。聖書朗読または説教の後には、聞いたことを短く黙想する。拝領後には、心の中で神を賛美して祈る」(同45)。したがって、一つ目の祈願の前に行われる沈黙は自分の内面に集中し、何のために自分がここにいるのかを思い巡らす助けとなります。その際は自分の魂の声に耳を傾け、そして心を主に向けて開くことが重要です。苦労、喜び、痛みの日々を過ごしているでしょうから、そのことを主に語りたい、主の助けを求めそばにいてくださるよう願いたい、主に語りたい、と思っているでしょう。家族や友人が病気だったり、つらいときを過ごしていたりするかもしれません。教会や世界のこれからを思い、神にすがりたくなることもあるでしょう。そのために、司祭が一人ひとりの願いをまとめ、一同の名によって神に向かって声に出して表明する前に、すなわち、各人の意向をまさしく「集めて」ささげる、開祭を締めくくる共同の祈りの前に、沈黙のひとときを欠かすことはできません。司祭の皆さんに心からお願いいたします。この沈黙の時間をきちんと守り、決して先を急がないでください。「祈りましょう」といって、それから沈黙してください。司祭はくれぐれもそうしてください。この沈黙がなければ、潜心を欠いてしまうかもしれないのです。

司祭はこの嘆願の祈り、この集会祈願を手を上に広げて唱えます。これは、紀元後数世紀の時代からキリスト者が用いてきた祈りの姿勢（オランテ）であり――ローマのカタコンベの数々のフレスコ画に描かれています――、十字架の板に腕を広げたキリストに倣ったものです。そこでは、キリストが祈る人であり、また祈りそのものなのです。わたしたちは十字架のキリスト像に、神の心にかなう礼拝、すなわち子としての従順をささげる祭司を見るのです。

ローマ典礼の祈願文は簡潔ですが、深い意味をもっています。そうした祈願について、豊かな黙想を行うことができます。とてもすばらしいものです。祈願のことばについて、ミサ以外でも振り返って黙想することは、神にどのように呼びかけたらよいか、神に何を求め、どんなことばを使ったらよいかを学ぶ助けとなります。皆さんにとって典礼が、祈りの真の学びやとなりますように。

（二〇一八年一月十日、パウロ六世ホールにて）

ことばの典礼（一）　神とその民との対話

愛する兄弟姉妹の皆さん、おはようございます。

今日もミサに関する講話を続けます。これまで開祭を見てきましたが、今度はことばの典礼を見ていきましょう。ことばの典礼はミサを構成するうえで不可欠な部分です。わたしたちが集うのは、神がわたしたちのためになさったこと、今もなおなさろうとしておられることに、ともに耳を傾けるためだからです。それは伝聞ではない「生《なま》」の体験です。「聖書が教会で朗読されるときには、神ご自身がその民に語られ、キリストは、ご自身のことばのうちに現存して福音を告げられる」（「ローマ・ミサ典礼書の総則」29。『典礼憲章』7、33参照）からです。ところが、神のことばが朗読されているというのに、しょっちゅうこうなります。「ほら、あそこ、あの人を見て。あの人がかぶっている帽子。おかしいわねえ」。こうして意見交換会が始まってしまいます。違いますか。神のことばが読まれている間に、おしゃべりしてもよいのですか。だめですね。だれかとおしゃべりしているということは、神のことばを聞いていないということです。聖書を通しての神のことば——第一朗読、第二朗読、答唱詩編、福音朗読——が読まれているときにわたしたちに語りかけているのはまさに神なのですから、耳を傾け心を開かなければなりません。別のことを考えたり、関係のないおしゃべりをしないこと。分かりましたか。ではここから、ことばの典礼では何が起きているのかを説明しましょう。

聖書は、書であることをやめ、神が発した生きることばとなります。朗読者を通してわたしたちに語り、わたしたちに問いかけておられるのは、ほかでもなく神です。そして、わたしたちは信仰をもってそのことばを聞くのです。「預言者をとおして語」(ニケア・コンスタンチノープル信条)っておられた聖霊、福音記者に霊感を授けた聖霊が、「人の耳に響く神のことばが実際に心の中に効果を上げる」(「朗読聖書の諸言」9)よう働きかけてくださいます。けれども神のことばを聞くためには、みことばを心に迎えられるよう自分の心を開くことも必要です。神が語り、わたしたちは神に聞き、そうして聞いたことを実行に移すのです。聞くことはとても大切です。多少難解な朗読箇所もありますから、すっかり理解できるわけではないでしょう。それでも神は、そのことをまた別の方法によって語ってくださいます。静かに、神のことばを聞いてください。ミサで朗読が始まったら、神のことばに耳を傾けましょう。そのことを忘れないでください。

わたしたちはみことばに耳を傾けなくてはなりません。「人はパンだけで生きるものではない。神の口から出る一つ一つのことばで生きる」（マタイ4・4）という明快なことばにあるように、それは実に、生きることにかかわる問題です。神のことばが与えてくださるいのちです。その意味でことばの典礼は、主が用意してくださるわたしたちの霊的生活を養う「食卓」といえるでしょう。この典礼の食卓は、旧約聖書と新約聖書の宝庫からふんだんにくみ取る豪華な食卓です（『典礼憲章』51参照）。それらの中では、教会が告げる同じ一つのキリストの秘義が告げられているからです（「朗読聖書の諸言」5参照）。共観福音書を基として、典礼暦年に沿った配分の、三年周期の主日の聖書朗読の豊かさを見てみましょう。偉大な宝です。ここでは、直前の朗読で聞いたことを黙想しやすくする役割をもつ、答唱詩編の重要性についても思い起こしたいと思います。少なくとも答唱句だけでも歌唱によって引き立たせるのが、答唱詩編にとっては望ましいことでしょう（「ローマ・ミサ典礼書の総則」61、「朗読聖書の諸言」19—22）。

聖書から取られた歌とともにまさにその朗読箇所を典礼行為として告げることは、

全体と一人ひとりの道に伴うことによって、教会の交わりを表しはぐくみます。ですから聖書朗読を省いたり、聖書ではない文書を代わりに朗読するといった、主観による代替がいっさい禁じられているのも納得できます。何か新しい出来事があると、その日のニュースとして新聞記事を読み上げる人がいると聞いたことがありますが、それはいけません。神のことばは、あくまでも神のことばです。新聞は後で読めばよいのです。そこで読まれるものは、神のことばです。わたしたちに語っておられるのは主にほかなりません。みことばの代わりに他のものを読むことは、祈りのうちに行われる神とその民との対話を損ね、脅かします。他方、品位ある朗読台、朗読用聖書の使用、よい朗読者と詩編唱者の準備が必要です。よい朗読者を探さなければなりません。(ことばを間違って）読んだり、全然分かっていなかったりする人ではなく、読み方を心得ている人が必要です。そういう朗読者です。よい朗読者が必要なのです。ふさわしく朗読するためにはミサの前に準備し、練習すべきです。そうすれば、聞こうとする静かな雰囲気が作られます[1]。

主のことばは、道に迷わないために欠かすことのできない支えであることを、わたしたちは知っています。詩編作者が主に向かって告白しているとおりです。「あなたのみことばは、わたしの道の光、わたしの歩みを照らすともしび」（詩編119・105）。定期的に、典礼祭儀で響きわたる神のことばに養われ、照らされることなしに、苦労や試練が付きものの地上の旅に立ち向かうことなど、どうしてできるでしょうか。

もちろん、実を結べるよう神のことばの種を心の中に受け入れることをせずに、耳で聞くだけでは十分ではありません。種を蒔《ま》く人と、土地の違いよる実りの差についてのたとえ話を思い出してみましょう（マルコ4・14―20参照）。聖霊の働きはそれに対する応答に実りをもたらしますが、ミサで聞いたことを日常生活に生かすためには、聖霊のわざが生かされ、さらに深められるようにする心を必要とします。使徒ヤコブが警告しているとおりです。「みことばを行う人になりなさい。自分を欺いて、聞くだけで終わる者になってはいけません」（ヤコブ1・22）。神のことばはわたしたちの中に道を作ります。わたしたちはみことばを耳で聞き、そのことばは心に届きます。耳に入れるだけではなく、心まで届けなければなりません。そして、心から手へと伝わり、よい行いとして表れるのです。耳から心、そして手へ――これこそ、神のことばが進む道です。こうしたことを、覚えておきましょう。ありがとう。

（二〇一八年一月三十一日、サンピエトロ広場にて）

（1）「ことばの典礼は、黙想を助けるように行わなければならない。したがって、内省を妨げるような落ち着きのない行動はいっさい避けなければならない。ことばの典礼では、集まった会衆に合わせて短い沈黙のひとときをとることが望ましい。それによって、聖霊に促され、神のことばを心で受け止め、祈りを通して応答を用意することができる」（「ローマ・ミサ典礼書の総則」56）。

ことばの典礼（二）　福音朗読と説教

愛する兄弟姉妹の皆さん、おはようございます。

ミサに関する講話を続けましょう。朗読のところまで来ました。ミサのことばの典礼で展開する神とその民との対話は、福音を告げるときに頂点に達します。その前にアレルヤ唱――四旬節には他の応唱――があります。「これによって、信者の集会は福音朗読によって自らに語りかける主を迎えてあいさつ」（「ローマ・ミサ典礼書の総則」62）するのです。キリストの神秘が聖書における啓示全体を照らしているのと同じように、ことばの典礼では福音が、その前に読まれる旧約と新約の聖書テキストの意味を理解するうえでの光となります。「キリストが典礼祭儀全体の中心であり充満であるように、キリストはやはり聖書全体の中心であり充満である」（「朗読聖書の緒言」5）。つねにイエス・キリストが中心なのです。

したがって典礼は、福音を他の朗読と区別し、特別の敬意と崇敬を示します（「ローマ・ミサ典礼書の総則」60、134参照）。実際にそれは、福音朗読が、最後に福音書に接吻《せっぷん》する（訳注：日本の適応では福音書を両手で掲げる）叙階された奉仕者に留保されていること、会衆は起立して聞き、額と口と胸に十字架のしるしをすること、福音朗読を通してご自分の力強いことばを響かせるキリストに、ろうそくと香で表敬すること——これらに表れています。会衆はこうしたしるしによって、自分たちを回心させ変える「よい知らせ」を伝えるキリストがそこにおられることに気づかされます。福音の告知に対する応唱、「主に栄光」、「キリストに賛美」に示されているように、そこで行われているのは直接の会話です。わたしたちは起立して福音を聞きます。そこで語りかけているのがキリストだからです。直接の語らいだからこそ、注意深く耳を傾けるのです。わたしたちに語りかけておられるのは、主なのです。

　したがってミサの中で福音書を読むのは、何がどうだったかを知るためではありません。そうではなく、かつてイエスが行われたこと、話されたことを意識できるよう、福音に耳を傾けるのです。しかも、そのみことばは生きています。福音の中のイエスのことばは今も生きており、わたしたちの心に触れます。ですから、心を開いて福音に耳を傾けるのはとても大切なことです。聖アウグスティヌスが書いているように、それが生きていることばだからです。「キリストの口は福音です。キリストは天に座しておられますが、地上で語るのをやめることはありません」（「説教」［*Sermo* 85, 1: PL 38, 520］。「ヨハネ福音書講解」［*In Johannis Evangelium tractatus* 30, 1: PL 35, 1632; CCL 36, 289（金子晴勇・木谷文計・大島春子訳、『アウグスティヌス著作集24』教文館、一九九三年、九二―九三頁）］参照）。典礼の中で「キリストは今も福音を告げられる」（『典礼憲章』33）ことが真実だとすれば、わたしたちはミサに参加することで、キリストにこたえなければなりません。福音を聞き、そして自分たちの生活を通して、返事をしなければならないのです。

キリストはご自分のメッセージが届くよう、福音朗読後に説教を行う司祭のことばをも用いておられます（「ローマ・ミサ典礼書の総則」65―66、「朗読聖書の緒言」24―27参照）。第二バチカン公会議は、典礼そのものの一部として説教を大いに勧めています（『典礼憲章』52参照）。説教は決まりきっている話でも、今わたしがしているような講話でもなければ、講演や授業でもありません。説教は、まったく別物です。説教とは何でしょうか。説教は、「神とその民の間ですでに始まっている対話の再開」（教皇フランシスコ使徒的勧告『福音の喜び』137）であり、それが生活の中で実現されるためのものです。福音の本当の意味での解釈とは、わたしたちの聖なる生き方なのです。主のことばがその旅を終えるのは、それがわたしたちの中で肉となり、行いとなるときです。マリアにおいて、そして聖人たちにおいてそうだったようにです。前回、わたしが話したことを思い出してください。主のことばは耳から入り、心に届き、手に伝わってよい行いをもたらします。説教も主のことばに倣い、主のことばが心を通って手に届く助けとなるための、同じ道をたどるのです。

わたしはすでに使徒的勧告『福音の喜び』で説教について扱い、その際に典礼の流れでは、「生活を変えるほどの聖体におけるキリストとの交わりへと、会衆と説教者自身を導くものとなるよう説教に求めて」(138) いることを思い起こしました。

説教者、すなわち説教を行う者である司祭、助祭、司教は、ミサに参加するすべての人に真に奉仕することで自らの役務を果たさなければなりません。その一方で、聞いている会衆も自分の務めを果たさなければなりません。まず、ふさわしく心の準備をし、どの説教者にも長所と限界があることを承知のうえで、個人的要求をもたずにしっかりと注意を傾けることです。長かったり、焦点がぼやけていたり、分かりづらかったりして、説教が退屈になることもあるでしょう。先入観が妨げとなることもあります。さらに、説教を行う者は、自分のことを話しているのではなく、イエスに声を与えて説いている、イエスのことばをのべ伝えているのだと認識しなければなりません。それから、説教は十分に準備されなければなりませんし、必ず短く、短くしてください。ある司祭から聞いた話ですが、彼が両親の住む町に行ったときにお父さんがいったそうです。「お前知っているか。説教のないミサをする教会を友達と見つけたんだ。うれしいよ」。説教の間に居眠りする人、おしゃべりする人、一服しに外に出る人がいるのを見掛けます。ですからどうか説教は短く、ただししっかり準備されたものにしてください。司祭、助祭、司教の皆さん。ではどのように説教を準備したらよいでしょう。どんな準備をすべきでしょうか。祈りとみことばの学びをもち、明解で簡潔な要約を作って準備するのです。説教は一〇分を超えてはいけません。お願いしますね。最後に申し上げますが、ことばの典礼では、福音朗読と説教を通して神がご自分の民と対話しておられます。神の民は、注意深く敬意をもって神に耳を傾け、そのとき、神がそこにおられ、働いておられることを感じます。ですから「よい知らせ」に耳を傾けたなら、そこからわたしたちは回心して変えられます。それにより、自分自身と世界を変えることができるようになります。なぜでしょうか。神のことばである福音は、耳から入り、心に届き、そしてよい行いをするための手に伝わるからです。

（二〇一八年二月七日、パウロ六世ホールにて）

ことばの典礼（三）　信仰宣言と共同祈願

愛する兄弟姉妹の皆さん、おはようございます。

皆さんおはようございます《ボンジョルノ》。今日はあまりよい天気ではありませんが、それでも心が喜びで満たされていれば、いつだってよい日ですね。ですから、よい日ですね《ボンジョルノ》！今日の謁見参加者は二か所にいます。悪天候のため体調のよくないかたはホールにおられ、わたしたちはこちらにいます。でも大きなスクリーンを通して互いの顔が見えますね。拍手をもってあいさつしましょう。

ミサに関する講話を続けます。聖書朗読、それに続く説教を聞くことは、何にこたえることでしょうか。それは権利――神のことばの財宝を豊かに受けるという、神の民の霊的な権利に対する応答です（「朗読聖書の緒言」45参照）。わたしたちにはそれぞれ、ミサに行けば、しっかりと朗読され、唱和され、その後説教でよく解説される神のことばを豊かに受ける権利があります。それは権利です。ですから、神のことばが正しく読まれず、助祭や司祭あるいは司教が熱意をもって説教しなければ、信者の権利が奪われたことになります。わたしたちには神のことばを聞く権利があるのです。主はすべての人に、司牧者にも信者にも語りかけておられます。ミサに参加する人の心を、その人の境遇、年齢、状況に応じて、たたいておられます。主はなぐさめ、呼びかけ、新たな、そして取り戻されたいのちの芽を萌《も》えさせます。しかも、ご自分のことばを通してなされます。そのかたのことばは心の扉をたたき、人々の心を変えるのです。

ですから説教の後の沈黙は、受け取った種を心の中にしっかりと根づかせるのです。聖霊がそれぞれの人にそっと教えてくれることに喜んで従おうとする意思が芽生えるようにです。説教後の沈黙です。そこで十分な沈黙の時を取り、各自、聞いたことについて思い起こさなければなりません。

この沈黙の後、ミサはどのように続くのでしょうか。個々人の信仰をもっての応答は、信条《クレド》と呼ばれる教会の信仰宣言に続いていきます。わたしたちは全員で、ミサの中で信条を唱えます。全会衆で唱える信仰宣言《シンボルム》は、神のことばから同じく聞いたものへの、共通の応答を表します（『カトリック教会のカテキズム』185―197参照）。聞くことと信仰の間には強いつながりがあります。両者は結ばれています。それ――信仰――は、人間の頭の中の空想から生じるのではなく、聖パウロが伝えているように、まさに

「聞くことにより、しかも、キリストのことばを聞くことによって始まるのです」（ローマ10・17）。このように、信仰は聞くことによってはぐくまれ、わたしたちを秘跡へと導きます。つまり信仰宣言を唱えるのは、典礼の集会が「感謝の祭儀の中で信仰の偉大な諸神秘が祝われる前にそれを思い起こし、表明することをめざして」（「ローマ・ミサ典礼書の総則」67）のことなのです。

「信仰のシンボルム（信条）」は、エウカリスチアを「父と子と聖霊のみ名によって」授けられた洗礼に結び、諸秘跡は教会の信仰の光のもとで理解されることを思い起こしてくれます。

信仰をもって受け取った神のことばに対する応答は、次に、共同祈願と呼ばれる共通の嘆願の祈りとなって表れます。この祈りは、教会と全世界が必要としていることがらを包含しています（「ローマ・ミサ典礼書の総則」69—71、「朗読聖書の緒言」30—31参照）。この祈りは、信者の祈りとも呼ばれます。

第二バチカン公会議教父は、福音朗読と説教の後のこの祈願を、とくに主日と祝祭日において復興しようとしました。それは、「会衆の参加を得て、聖なる教会のため、国政に携わる人のため、種々の困難に苦しむ人のため、すべての人と全世界の救いのために、嘆願が行われるため」（『典礼憲章』53。一テモテ2・1—2参照）です。したがって、祈りへの招きと結びの祈りを行う司祭の導きのもと、会衆は「洗礼による自分の祭司職の務めを実行して、すべての人の救いのために神に祈りをささげ」（「ローマ・ミサ典礼書の総則」69）ます。そして個別の意向を、助祭あるいは先唱者が唱えた後、会衆は声を合わせて「主よ、わたしたちの祈りを聞き入れてください」と願います。

主イエスがわたしたちに、事実いわれたことを思い起こしてみましょう。「あなたがたがわたしにつながっており、わたしのことばがあなたがたのうちにいつもあるならば、望むものを何でも願いなさい。そうすればかなえられる」（ヨハネ15・7）。「でもそれは信じられません。わたしたちは信仰が薄いから」。それでも、信じる心があれば、イエスがいわれるように、からし種ほどの信仰があれば、何でも与えられるのです。「望むものを何でも願いなさい。そうすればかなえられる」。ですから信仰宣言の後のこの共同祈願の機会こそ、自分たちに必要なもの、得たいと思っているものを、ミサで一番強調したいことを、主に願うときです。「そうすればかなえられる」。その方法は何にせよ、「かなえられる」のです。「信じる人には、何でもかなう」、主はそういわれました。主がこのことばを、「信じる人には何でもかなう」を語った相手は、何と答えたでしょうか。その人はこういいました。「主よ、信じます。信仰の薄いわたしを助けてください」。わたしたちも「主よ、わたしは信じます。信仰の薄いわたしを助けてください」と祈ることができます。信じる心で「主よ、わたしは信じます。信仰の薄いわたしを助けてください」と祈らなければならないのです。しかしながら、この世の論理による願いは天に届きません。同様に、自分のことばかりの要求もです（ヤコブ4・2―3参照）。信者が祈るよう求められている意向は、型どおりでありふれた祈りの文句では済ませずに、教会共同体や世界の具体的な必要に声を与えるものでなければなりません。「共同（universal）」祈願はことばの典礼を締めくくるもので、ご自分のすべての子らを世話してくださる神のまなざしを自分たちのまなざしとするよう、わたしたちを促しているのです。

（二〇一八年二月十四日、サンピエトロ広場にて）

感謝の典礼（一）　奉納

愛する兄弟姉妹の皆さん、おはようございます。

ミサに関する講話を続けましょう。これまでの講話ではことばの典礼について見てきましたが、ここに、ミサを成立させるに欠かせないもう一つの部分、感謝の典礼が続きます。そこでは聖なるしるしを通して教会が、十字架という祭壇でイエスによって制定された新しい契約のいけにえを現存させ続けています（『典礼憲章』47参照）。十字架という祭壇が、キリスト者の最初の祭壇でした。そしてミサを祝うため祭壇に近づくたびにわたしたちは、最初にいけにえがささげられた十字架という祭壇の記憶を呼び覚まします。ミサにおけるキリストの代理である司祭は、主ご自身がなさったこと、そして最後の晩餐で弟子たちに託したことを行います。すなわち、パンと杯《さかずき》を取り、感謝をささげ、弟子に与えてイエスは仰せになりました。「取って食べなさい、……飲みなさい。これはわたしのからだである。……これはわたしの血の杯である。

……これをわたしの記念として行いなさい」。

イエスの命令に従い、教会は感謝の典礼を、受難の前夜のイエスのことばと動作をなぞるものとして整えました。そのため、供え物の準備として、キリストが手に取られたもの、すなわちパンとぶどう酒が祭壇に運ばれます。感謝の祈り（奉献文）において、あがないのわざに対して神に感謝がささげられ、ささげものがイエス・キリストのからだと血となります。そして、パンの分割と拝領が続きます。それによりわたしたちは、キリストご自身の手からエウカリスチアの恵みを受けた使徒たちの体験を追体験します（『ローマ・ミサ典礼書の総則』72参照）。

したがって「パンと、ぶどう酒の杯を取る」というイエスの最初の動作は、供え物の準備に相当します。これが感謝の典礼の導入部です。感謝の祭儀のために集った教会の霊的なささげものを象徴するため、パンとぶどう酒を信者から司祭に手渡すのはいいことです。信者自らがパンとぶどう酒を祭壇に運ぶのは美しいですね。「今は昔のように、信者が典礼のためのパンとぶどう酒を自分の家から持って来ないとしても、この儀式は霊的な効力と意味を保っている」（同73）。これについて意義深いのは、司祭叙階の際に、司教がパンとぶどう酒を新司祭に渡して次のように伝えることです。「神にささげる聖なる民の供えものを受けなさい」（『司教、司祭、助祭の叙階式』参照）。

パンとぶどう酒の供え物を運ぶ神の民、ミサのすばらしい供え物です。このように、パンとぶどう酒というしるしの中に、信じる民は自分たちのささげものを司祭の手に渡し、司祭はそれを祭壇、あるいは主の食卓、すなわち「感謝の典礼全体の中心」（「ローマ・ミサ典礼書の総則」73）に置きます。つまりミサの中心は祭壇であり、祭壇はキリストです。ですからわたしたちは、ミサの中心である祭壇をつねに見つめなければなりません。「大地の恵み、労働の実り」を通して、みことばに従うという務めに対する信者の決意が、「ささげものを、全能の神である父が受け入れてくださるよう」「全教会のために」ささげられます。このように「信者たちの生活、賛美、苦しみ、祈り、労働などはキリストのそれとキリストの全き奉献とに合わせられ、新たな価値を得るのです」（『カトリック教会のカテキズム』1368）。

確かにわたしたちのささげものはわずかです。ですがキリストは、そのわずかなものを必要としておられるのです。お望みになられるものはわずかですが、主は多くを与えてくださいます。求めておられるのは、ささやかなことです。望まれているのは、日常生活の中での親切な心です。開かれた心です。聖体のうちにご自身をわたしたちに与えてくださるかたを受け入れるために、よりよくなろうと努めることをわたしたちに望んでおられます。ご自分のからだと血となる、これらしるしとなるささげものを、求めておられるのです。祈願のこのささげるというイメージは、香によって表されます。香は火でたかれ、立ち昇って香りのよい煙を放ちます。祝祭日に行われているように、供え物に献香し、十字架と祭壇に献香することにより、司祭と祭司の民は、こうしたあらゆる現実をキリストのいけにえと一つにするささげもののきずなを、目に見えるかたちで示します（「ローマ・ミサ典礼書の総則」75参照）。忘れないでください。祭壇はキリストですが、それはつねに、十字架という最初の祭壇と結びついています。そしてキリストという祭壇に、わたしたちは自分たちのささやかな供え物、最後にはふんだんになる、パンとぶどう酒を運びます。――それは、わたしたちにご自分をお渡しになるイエスご自身です。

以上のことはすべて、奉納祈願にも表れています。その中で、司祭は教会の供え物を受け入れてくださるよう神に願い、わたしたちの貧しさと神の豊かさの間で、ただならぬ交換がもたらされるよう願い求めます。わたしたちは、パンとぶどう酒のうちに、自分たちの生活という供え物を主にささげます。それが聖霊によってキリストの奉献に変えられ、キリストと合わされて、御父の心にかなう唯一の霊的な供え物となるようにです。供え物の準備が完了すると、次は感謝の祈り（奉献文）です（同77参照）。

ミサのこの部分は、自らを差し出すという霊性をわたしたちに教えています。その霊性がわたしたちの日常、人との関係、していること、出会う苦しみを照らし、福音の光のもとで地上の国を建てるわたしたちを助けてくれますように。

（二〇一八年二月二十八日、パウロ六世ホールにて）

感謝の典礼（二）　奉献文

愛する兄弟姉妹の皆さん、おはようございます。

ミサに関する講話を続けていますが、今回は奉献文（感謝の祈り）に焦点を当てましょう。パンとぶどう酒の奉納の儀が終わると奉献文が始まります。奉献文はミサの祭儀を性格づけ、中心部分を構成して、交わりの儀を整えます。奉献文は、イエスご自身がなさったこと、最後の晩餐で使徒たちと囲んだ食卓でなさったことに符号しています。パンと、続くぶどう酒の杯に「感謝をささげ」たときのことです（マタイ26・27、マルコ14・23、ルカ22・17、19、一コリント11・24参照）。わたしたちが感謝の祭儀を行うたびに、イエスの感謝の祈りがそこによみがえり、イエスの救いのいけにえにわたしたちが結ばれます。

教会はこの厳かな祈り——奉献文は荘厳です——をもって、自らがエウカリスチアを祝う場で行っていること、そしてそれを祝う理由を表しています。すなわち、聖別されたパンとぶどう酒のうちに真に現存しておられるキリストと交わる、ということです。司祭は、心をこめて神を仰ぎ（訳注：直訳は「心を神に高く上げ」）、感謝をささげるよう人々を招いた後、そこに集うすべての人を代表し、聖霊によって、イエス・キリストを通して、御父に向かって、大きな声で奉献文を唱えます。「この祈りの意義は、信者の集まり全体が自らをキリストに結び合わせて、神の偉大なわざを宣言し、いけにえを奉献することに」（「ローマ・ミサ典礼書の総則」78）あります。結ばれるには、理解しなければなりません。それゆえ教会は、すべての人が司祭とともにこの賛美に、この壮大な祈りに加われるよう、人々が理解できる言語でミサを祝いたいのです。まさしく、「キリストのいけにえとエウカリスチアのいけにえは、ただ一つのいけにえです」（『カトリック教会のカテキズム』1367）。

ミサ典礼書には複数の奉献文がありますが、どの奉献文も特有の要素で構成されており、これからそれらを振り返っていきたいと思います（「ローマ・ミサ典礼書の総則」79、『カトリック教会のカテキズム』1352―1354参照）。どの奉献文も、非常に美しいものです。まず最初にあるのが叙唱で、それは神が与えてくださるもの――とりわけ、救い主としてご自分の独り子を遣わしてくださったこと――への感謝の行為です。叙唱は「感謝の賛歌」で――ふつうはそれを歌って――締めくくられます。「聖なるかな、

聖なるかな、聖なるかな、万軍の神なる主」——そう「感謝の賛歌」を歌うとすてきです。歌うのがいいですね。会衆全体が、天使と聖人たちと声を合わせ、神の栄光をたたえるのです。

次に、聖霊の働きを求める祈りが続きます。聖霊の力によって、パンとぶどう酒が聖化されるよう願う祈りです。わたしたちは、聖霊が来てくださり、パンとぶどう酒のうちにイエスが現存なさるよう祈り求めます。聖霊の働きと、司祭によって声を得たキリストご自身のことばの効力により、パンとぶどう酒の形態のもとに、キリストのからだと血、十字架上で全面的にささげられたその犠牲が、真に現存するものになります（『カトリック教会のカテキズム』1375参照）。イエスはこれについて、明確に分かっておられました。講話の前に読まれたように、聖パウロはイエスのことばを記しています。「これは、……わたしのからだである。……わたしの血……である」。「これはわたしの血である。これはわたしのからだである」。これをいったのは、まさにイエスなのです。「でも、そんなことって……」などと、ありえないかのように思ってはなりません。これは、イエスのからだなのです。それがすべてなのです！　信仰です。信仰がわたしたちを助けてくれます。信仰のわざによって、わたしたちはそれがイエスのからだと血であると信じるのです。聖別後にわたしたちが唱えているとおり、それが「信仰の神秘」です。司祭が「信仰の神秘」というと、わたしたちは応唱をもって答えます。教会は、主の死と復活を記念することで、主が栄光のうちに再臨されるのを待ち望みつつ、天と地とを和解させるいけにえを御父にささげています。教会はキリストの過越のいけにえをささげ、キリストとともに自らをささげます。そして、聖霊の力によって「キリストのうちにあって、一つのからだ、一つの心になりますように」（第三奉献文。『典礼憲章』48、「ローマ・ミサ典礼書の総則」79f参照）と願い求めます。教会はキリストと一つになりたい、主とともに一つのからだ、一つの心になりたいと願っています。これこそが、秘跡による交わりの恵みであり実りです。キリストのからだを拝領するわたしたち、それを食べるわたしたちが、この世において、今日、生きておられるキリストのからだになるのです。

これが交わりの神秘であり、教会はキリストの奉献と執り成しに結ばれます。その観点で見て、「ローマのカタコンベでは、教会はしばしば礼拝の姿勢で腕を大きく広げて祈る婦人の姿で描かれています。十字架上で腕を広げたキリストのように、キリストによって、キリストとともに、キリストのうちに、教会はすべての人のために自らをささげ、執り成します」（『カトリック教会のカテキズム』1368）。祈る教会、嘆願する教会です。教会が祈り、嘆願していると思えるのはすばらしいことです。使徒言行録の記述によると、ペトロが牢に入れられたとき、キリスト教共同体は「彼のために熱心に祈りました」。祈る教会。願い祈る教会。ですからミサに行く、それは何のためか。――教会を祈るものとするためです。

奉献文が神に願うのは、普遍教会と部分教会との交わりの中でわたしたちが祝うことのしるしとして、教皇と司教の名を挙げて両者の一致のうちに、愛の完成へと迎えてくださるようにということです。執り成しの祈りは奉献文と同様、教会の全成員のため、生きている成員のためにも亡くなった成員のためにも、マリアとともに、天に蓄えられている変わることのない財産を受け継ぐという祝福に満ちた希望をもって神にささげられます（同1369―1371参照）。奉献文からは、だれも、何も、抜け落ちることはありません。結びとなる栄唱で記念しているとおり、すべてのものは神に帰すのです。だれも忘れられていません。もしだれか家族や友人が困っていたり、この世からあの世へと旅立ったりした場合、奉献文の取り次ぎの祈りのときに、心の中で沈黙のうちにその人の名を唱えることや、その名前を唱えるためにメモを書いて司祭に渡すことができます。「神父様、名前を唱えてもらうには、いかほどお支払いしたらよいのですか」。「支払う必要はありません」。分かりましたか。無料です！　ミサにお代は要りません。ミサはキリストのいけにえで、それは無償です。あがないは無償なのです。

ささげものをしたければそれでも構いませんが、それは支払いではありません。そのことを分かっていてほしいと思います。

この式文に集約された祈願文は、やや耳慣れないものかもしれませんが——古代からの定式文なのでもっともなことです——、その意味をよく理解すれば、必ずやより深くミサに参加することができるはずです。事実奉献文は、わたしたちが感謝の祭儀で行うことのすべてを描いています。それに、イエスの弟子に欠かせない三つの姿勢をはぐくむことも教えています。三つの姿勢です。一つ目は「いつでもどこでも、感謝すること」。何の問題もなく順調なときだけではありません。二つ目は、自由意志をもって、何の見返りも求めずに、自分のいのちを愛の贈り物とすること。三つ目は、教会において、そしてすべての人と、具体的な交わりを築くことです。それゆえミサの核心となるこの祈りは、わたしたちが人生全体を「エウカリスチア」、すなわち、感謝の行為としていくことを、少しずつ教えてくれます。

（二〇一八年三月七日、パウロ六世ホールにて）

感謝の典礼（三）　主の祈りとパンの分割

愛する兄弟姉妹の皆さん、おはようございます。

ミサに関する連続講話を続けましょう。イエスは最後の晩餐で、パンと、ぶどう酒の入った杯を手に取って神に感謝した後で、「パンを割った」ことをわたしたちは知っています。ミサの感謝の典礼の中でこの動作に当たるのは、パンの分割です。その前に、主が教えてくださった祈り、「主の祈り」があります。

こうして交わりの儀が始まります。奉献文での賛美と執り成しを引き継ぎ、ともに「主の祈り」を唱えます。これは、数あるキリスト教の祈りの一つではなく、神の子らのただ一つの祈りです。イエスが教えてくださったみごとな祈りです。わたしたちが洗礼を受けた日に渡された「主の祈り」は、まさしく、イエス・キリストが抱いていたのと同じ思いをわたしたちの心にわかせます。主の祈りで祈るとき、わたしたちはイエスが祈られたように祈っているのです。イエスがなさり、そして弟子たちが

「先生、あなたのように祈るすべを教えてください」といったときにわたしたちに教えてくださった、あの祈りです。つまりイエスは、そのように祈っておられました。イエスのように祈るなんて、すてきですね。イエスの神聖な教えに倣い、わたしたちは神に向かって思い切って「お父さん」と呼びかけます。わたしたちは水と聖霊によって、神の子として新たに生まれるからです（エフェソ1・5参照）。聖パウロが教えているように（ローマ8・15参照）、実際、神から生み出された身でなければ、神の霊を受けていなければ、だれも親しく神に「アッバ」つまり「お父さん」と呼びかけることはできないでしょう。忘れないでください。神の霊を受けていなければ、神を「父」とは呼べません。「わたしたちの父よ」といいながら、自分がいっていることの意味が分からずにいる人がよくいます。確かに父は父ですが、だからといって、「父よ」というときに、そのかたをお父さんだと、自分のお父さん、人類のお父さん、イエス・キリストのお父さんだと感じているでしょうか。あなたには、そのお父さんとのきずながありますか。「主の祈り」を祈るとき、自分たちを愛してくださる御父とつながるのですが、そのつながりを、神の子どもであるというその感覚をもたせてくれるのは、神の霊です。

イエスから教えられた祈り以上に、イエスとの秘跡的交わりに向けて備えるにふさわしい祈りがあるでしょうか。ミサ以外にも、朝晩に、朝課（朝の祈り）と晩課（晩の祈り）でも「主の祈り」を祈ります。こうして、神に対する子どもらしい態度、そして隣人に対する兄弟としての態度によって、わたしたちの日常は、キリスト者らしいものとなります。

「わたしたちの父よ」と呼びかける主の祈りで、わたしたちは「日ごとの糧」を求めます。この「日ごとの糧」にわたしたちは、神の子として生きるのに必要な聖体のパンとの特別なつながりを見ます。また、「わたしたちの罪をおゆるしください」とも願います。さらに、神からのゆるしを受けるに値する者となるために、自分に嫌な思いをさせた相手をゆるすことを約束します。それは簡単なことではありません。嫌な思いをさせられた相手をゆるすのは容易ではありません。願うべきは恵みです。「主よ、あなたがわたしをゆるしてくださったように、ゆるすすべを教えてください」。それは恵みです。自力では不可能です。ゆるすことは聖霊の恵みです。ですから、このの願いによってわたしたちが神に心を開くと、「わたしたちのお父さん」も、わたしたちを兄弟への愛に向けて整えてくださいます。最後に、神にあらためて「悪からお救いください」と願います。悪はわたしたちを神から引き離し、兄弟姉妹と分断させるものです。こうした願いは、聖体拝領に向けた心の準備に非常にふさわしいものであることを、しっかり理解しましょう（「ローマ・ミサ典礼書の総則」81参照）。

「主の祈り」でわたしたちが願うことは、一同に代わって、「いつくしみ深い父よ、すべての悪からわたしたちを救い、現代に平和をお与えください」と請い願う司祭の祈りへと引き継がれます。それから司祭は、平和のあいさつでいわばしるしを受けます。司祭はまず、キリストの平和というたまもの（ヨハネ14・27参照）――世でいう平和とはまったく別のもの――によって、教会が、キリストの望まれたとおりに一致と平和を深めていけるようにとキリストに願います。そして次に、互いの間で交わされる具体的な所作によって、わたしたちは、「秘跡において一つになる前に、教会の交わりと相互の愛」（「ローマ・ミサ典礼書の総則」82）を表します。ローマ典礼では、拝領前に置かれた平和のしるしの交換は、古代より、聖体拝領に向かわせるものです。聖パウロが警告するとおり、兄弟愛をもって和解した認識をもたずに、わたしたちをキリストにおける一つのからだとする一つのパンを拝領することはできません（一コリント10・16―17、11・29参照）。兄弟愛を生きることのできない心、損なわれたときに築き直すことができない心には、キリストの平和は根づきません。平和は主から与えられます。自分を傷つけた相手をゆるす恵みを、主はわたしたちに与えてくださいます。

平和のあいさつの後には、使徒の時代から感謝の祭儀全体を指してきた名称である、パンの分割が続きます（「ローマ・ミサ典礼書の総則」83、『カトリック教会のカテキズム』1329参照）。最後の晩餐でイエスが行われたものであるため、パンを裂くという行為は、復活後にイエスだと弟子たちが気づけるようにしてくださる、ご自分を明らかにする行為です。復活したかたとの出会いについて「パンを裂いてくださったときにイエスだと分かった」と語っているエマオの弟子たちのことを思い出しましょう（ルカ24・30―31、35参照）。

聖体のパンの分割には、平和の賛歌（「神の小羊……」）が伴います。神の小羊とは、洗礼者ヨハネがイエスを指して、「世の罪を取り除く神の小羊だ」（ヨハネ1・29）といったシンボルです。聖書において小羊は、あがないを表しています（出エジプト12・1―14、イザヤ53・7、一ペトロ1・19、黙示録7・14参照）。世にあるいのちのために裂かれた聖体のパンに、祈る会衆は、まことの神の小羊、すなわちあがない主キリストを認め、そのかたに嘆願します。「われらをあわれみたまえ。……われらに平和を与えたまえ」。

「われらをあわれみたまえ」「われらに平和を与えたまえ」、これらは、「主の祈り」からパンの分割に至るまで、聖体の宴《うたげ》にあずかるために心を整えるようわたしたちを支えてくれる祈りのことばです。聖体の宴は、神との、そして兄弟姉妹との交わりの源なのです。

イエスが教えてくださり、イエスが御父に祈ったこの大切な祈りを忘れないようにしましょう。それは交わりに向けてわたしたちを準備させてくれます。

（二〇一八年三月十四日、サンピエトロ広場にて）

感謝の典礼（四）　拝領

愛する兄弟姉妹の皆さん、おはようございます。

今日は春分の日です。うれしい春です。春には何が起こるでしょう。花が咲き誇り、木々も花をつけます。お聞きします。病気にかかった草木は、満開の花をつけるでしょうか。つけませんね。雨が降り注がず、人も水をやらない草木は、きれいに花を咲かせますか。咲かせません。根を抜かれたり、根づいていない草や木は、花を咲かせますか。咲かせません。根がなしに花は咲きますか。咲きません。キリスト者のいのちは、愛のわざとなって、よい行いとなって、花咲かなければなりません——これがメッセージです。でも、根がなければ花は開きません。では、根とはだれでしょう。もちろんイエスです。根となるイエスがいなければ、あなたは花を咲かせることができません。祈りと秘跡をもって、いのちに水をやることなしに、キリスト者の花は咲くでしょうか。咲きません。祈りと秘跡が根に水をやることで、わたしたちのいのちは花開くのです。復活祭に花盛りとなるように、皆さんにとってこの春が花咲く春となりますように。善行の花、徳の花、人に善を行う花です。「木が花をつけるのは、地中の部分があるからです」――これはわたしの母国の、とても美しい詩の一節です。イエスに結ばれた根を決して断ってはなりません。

では、ミサに関する講話を続けましょう。ミサの祭儀の各場面を追っていますが、次は拝領になります。拝領とは、イエスと一つに結ばれることです。これは秘跡による交わりであり、自宅で「イエス様、あなたの霊をわたしの心に受けさせてください」といって精神的に交わるのとは違います。そうではなく、キリストのからだと血との、秘跡的交わりなのです。わたしたちは、みことばと祭壇の秘跡の両者を通してご自分を与えてくださるキリストを自分たちの糧とするため、自分をキリストにかたどるものにするために感謝の祭儀を祝います。まさに主が、こういっておられるのです。「わたしの肉を食べ、わたしの血を飲む者は、いつもわたしのうちにおり、わたしもまたいつもその人のうちにいる」（ヨハネ6・56）。現に、最後の晩餐でご自分のからだと血を弟子たちにお与えになったイエスの行為は、いのちのパンと救いの杯《さかずき》を兄弟姉妹に配る通常の奉仕者、司祭や助祭の奉仕を通して今日も続けられています。

ミサでは、キリストのからだである聖別されたパンを裂いた後、司祭はそれを信者に示して、聖体の宴《うたげ》に加わるよう招きます。ご承知のとおり、「見よ世の罪を取り除く神の小羊。神の小羊の食卓に招かれた者は幸い」（訳注：日本語ミサ典礼書では「神の小羊の食卓に……」以下が訳されている）という声が祭壇から発せられます。「小羊の婚宴に招かれている者たちは幸いだ」（黙示録19・9）という黙示録の一節から着想を得たものです。「婚宴」といっているのは、イエスが教会の花婿だからです。この呼びかけは、喜びと聖性の源であるキリストとの親密な結びつきを生きるようにと、わたしたちを招いています。それは、喜びへと同時に、信仰に照らしての良心の糾明にも促す呼びかけです。事実わたしたちは、キリストの聖性から自分を遠ざける隔たりがあることを知っていながらも、その一方で、キリストの血が「流されて、罪のゆるしとなる」ことを信じています。わたしたちは皆、洗礼によってゆるされており、そしてゆるしの秘跡を受けるたびにゆるされ、これからもゆるされるでしょう。どうか忘れないでください。イエスはいつだってゆるしてくださいます。イエスはゆるすのが面倒になったりしません。わたしたちのほうが、ゆるしてほしいと頼むのを面倒に思ってしまうのです。まさしくこの血がもつ救いという真価を念頭に、聖アンブロジオは訴えました。「いつも罪を犯しているわたしは、いつも薬をもっていなければならないのである」（「秘跡についての講話」*De Sacramentis*, IV, 6, 28: PL 16, 446a［熊谷賢二訳、『秘跡』創文社、一九六三年、一一七―一一八頁〕）。わたしたちもこうした信仰をもって、世の罪を除いてくださる神の小羊を見つめて祈ります。「主よ、わたしはあなたをお迎えするにふさわしい者ではありません。おことばをいただくだけで救われます」〔訳注：日本語ミサ典礼書では「主よ、あなたは神の子キリスト、永遠のいのちの糧、あなたをおいてだれのところに行きましょう」というペトロのことば〔ヨハネ6・68参照〕をもって拝領前に信仰告白を行う〕。ミサのたびにこれを唱えるのです。

聖体拝領のための行列に並んでいても、拝領のために列を成して祭壇に向かってはいても、実のところ、ご自分と同化させようと、イエスがわたしたちに近づいているのです。イエスと会うのです。聖体で自らを養うとは、受けたもので変えていただくということです。聖アウグスティヌスがキリストから語られることで受けた光について述べていることばは、それを理解する助けとなります。「わたしは大いなるものの糧です。成長しなさい。そうすればわたしを食べられるであろう。あなたがわたしをあなたの肉の食物のように、変えるのではなく、あなたがわたしに変わるのです」（『告白』*Confessionum*, VII, 10, 16: PL 32, 742〔宮谷宣史訳、『アウグスティヌス著作集5／I告白録（上）』、教文館、一九九三年、三五二頁〕）。聖体拝領のたびに、わたしたちはますますイエスに似てきます。もっとイエスになれるよう、自分自身を変えているのです。パンとぶどう酒が主のからだと血に変わるように、信仰をもってそれらを拝領する人もまた、生きた聖体へと変えられるのです。「キリストの御からだ」といってあなたに聖体を授ける司祭に、あなたは「アーメン」とこたえます。それは、キリストのからだとなることが含む、恵みと義務の自覚です。聖体を拝領するとき、あなたはキリストのからだになるからです。すばらしい。実にすばらしいことです。聖体拝領はわたしたちをキリストと一つにして利己心から引き離しつつ、わたしたちの心を開き、主において一つである人皆と結びます。これぞ、交わりの神秘です。わたしたちは自分が受けたものになるのです！

教会は、信者がそのミサで聖別されたパンから主のからだを拝領し、できれば聖体拝領が両形態で行われて、聖体の宴《うたげ》のしるしがより完全な形で表されることを強く望んでいます。カトリック教会の教義では、いずれかの形態のみでも欠けるところのないキリストのすべてが拝領されることになっているとしてもです（「ローマ・ミサ典礼書の総則」85、281－282参照）。教会の慣例で、信者は通常、先ほど述べたように列を成して聖体に近づきます。そして司教協議会の決定に従って、敬意をもって立って、あるいはひざまずいて、口か、許可されていて本人が望むなら手で秘跡を受けます（同160－161参照）。拝領後に沈黙し、静かに祈ることは、受けた恵みを心の中で大切に守っていく助けとなります。しばらくの間沈黙し、心の中でイエスに語りかけることは、大いに益となることです。主とともにあるために詩編や賛美の歌を歌うことと同様にです（「ローマ・ミサ典礼書の総則」88参照）。

感謝の典礼は、拝領祈願で終わります。その祈願をもって、司祭は皆を代表し、その宴に加えてくださったことを神に感謝し、受けたものによってわたしたちの生活を変えてくださるよう願い求めます。聖体は、わたしたちがキリスト者として生きるために、善行という実りを結べるよう強めてくれます。今日の祈願は意味深いものです。それをもってわたしたちは主に祈ります。「秘跡にあずかることが、救いの薬となりますように。悪と、悪との交友に留め置くものから、わたしたちがいやされますように」（『ローマ・ミサ典礼書（イタリア語版）』四旬節第五水曜日「拝領祈願」）。聖体に近づきましょう。わたしたちをご自分と同じものに変えてくださるイエスを拝領することで、強めていただきましょう。主は、本当にお優しく、本当に偉大なかたなのです。

（二〇一八年三月二十一日、サンピエトロ広場にて）

閉　祭

愛する兄弟姉妹の皆さん、おはようございます。そして、ご復活おめでとうございます。

今日は花でいっぱいですね。花々は、うれしい、気分がいい、と語っています。地域によっては、復活祭は「花の復活祭」と呼ばれます。復活したキリストが咲き誇るからです。それは新しい花です。わたしたちの義の花が開き、教会の聖性が咲きこぼれます。ですから、たくさんのものが開花するのです。それこそがわたしたちの喜びです。この一週間の間、わたしたちは復活祭を祝います。一週間を通してです。ですからもう一度、皆で互いに「ご復活おめでとう」といって、あいさつを交わしましょう。ではご一緒に、「ご復活おめでとう」。さあ皆さんで！　「ご復活おめでとう！」。それから、愛すべきローマの前司教、教皇ベネディクト十六世にも「ご復活おめでとうございます」とあいさつしましょう。テレビでわたしたちを見ていてくださいますから。ベネディクト教皇に、皆でいいますよ。「復活おめでとうございます」。では盛大な拍手を。

ミサに関する連続講話は今回で終わります。ミサとはまさしく記念祭ではありますが、イエスの受難と復活を振り返るだけでなく、今再びそれを体験するのです。前回で、聖体拝領と拝領祈願まで終えました。その祈願後、ミサは司祭による祝福と、散会によって結ばれます（「ローマ・ミサ典礼書の総則」90参照）。父と子と聖霊の名によって十字架のしるしをすることから始まるのと同様に、典礼行為であるミサは、同じく三位の名によって締めくくられます。

ですがご承知のとおり、ミサが終わると、キリストをあかしするという務めが始まります。キリスト者は、週に一度のお勤めとしてミサに行き、後は忘れるのではありません。違います。キリスト者は主の受難と復活にあずかり、それからいっそうキリスト者らしく生きるためにミサに行きます。つまり、キリストをあかしするという務めが始まるのです。わたしたちが「行きましょう。主の平和のうちに」と聖堂を出るのは、日常の中に、家庭に、職場に、地上の国の種々さまざまなことに神の祝福を届け、「自分の生活を通して主の栄光をたたえるため」です。ところがおしゃべりしながら「その人を見て、ねえ、あの人を見て……」などとぺちゃくちゃ話しながら聖堂を出るなら、ミサは心に染み入りません。なぜでしょう。それではキリスト者のあかしを生きられないからです。ミサが終わったときにはいつも、始まったときの自分よりも、より生き生きと、よりパワフルに、キリスト者としてあかししたいという熱い思いを強くしていなければなりません。聖体を通して主イエスがわたしたちの中に、この心とからだに入られたのですから、「信仰をもって受けた秘跡を、生活の中で表す」（『ローマ・ミサ典礼書（イタリア語版）』復活の月曜日「集会祈願」）ことができるでしょう。

祭儀から生活へ、ですから、ミサが完成を見るのは、キリストの神秘にかかわっているその当人の具体的な選択においてだということを覚えていてください。忘れないでください。わたしたちは聖体《エウカリスチア》の人となれるようにと、感謝の祭儀《エウカリスチア》を祝っているのです。聖体の人とは何のことでしょうか。わたしたちの行為を通してキリストに働いていただくことです。キリストの思いはわたしたちの思いとなり、キリストの感覚がわたしたちの感覚に、キリストの選択がわたしたちの選択となることです。そして、それが聖性です。キリストがなさったようにすること、それが聖性です。聖パウロは、自分がイエスと等しくなることについて語ることで、そのことをいみじくも表明しています。彼はこういいます。「わたしは、キリストとともに十字架につけられています。生きているのは、もはやわたしではありません。キリストがわたしのうちに生きておられるのです。わたしが今、肉において生きているのは、わたしを愛し、わたしのために身をささげられた神の子に対する信仰によるものです」（ガラテヤ2・19―20）。これこそがキリスト者のあかしです。パウロの体験はわたしたちをも照らします。どこまで利己心を削《そ》ぐか、いうならば、福音とイエスの愛に反するものの息の根を止め、聖霊に働いていただく大きな場所をどこまで心に造るかということです。キリスト者とは、キリストのからだと血を拝領し、聖霊の力によって魂を広げていただこうとする者です。魂を大きく広げていただきましょう。だめです。狭く、閉ざされていて、ちっぽけで、自分勝手な、そんな霊魂ではいけません。広い霊魂、広い地平のある大きな霊魂です。キリストのからだと血を受けたなら、聖霊の力によって霊魂を広げていただきましょう。

聖別されたパンにおられるキリストの現実の現存はミサで終了するわけではないのですから（『カトリック教会のカテキズム』1374参照）、病者の聖体拝領のために、もっとも聖なる秘跡のうちにおられる主を静かに礼拝するために、聖体は聖櫃《せいひつ》に安置されます。私的あるいは共同体としてのミサ以外での聖体礼拝は、キリストのもとにとどまるための実際の助けとなります（同1378―1380参照）。

ですからミサの実りは、日常生活の中で熟すようになっているのです。少し強引かもしれませんが、ミサは一粒の麦のようだといえるかもしれません。まさに日々の生活の中で育つ麦、よい行いをする中で、イエスと同じようになろうとする姿勢の中で育ち熟す一粒の麦です。ですからミサの実りは、日常生活の中で熟すようになっているのです。実際、キリストとわたしたちの一致を強めることでエウカリスチア（聖体／感謝の祭儀）は、キリスト者としてのあかしが信に足るものとなるよう、洗礼と堅信で聖霊がわたしたちに授けた恵みを更新するのです（同1391―1392参照）。

そうだとしても、わたしたちの心に神の愛を燃え立たせることで、聖体は何を行うのでしょうか。聖体はわたしたちを罪から切り離してくれます。「わたしたちは、キリストのいのちにあずかり、キリストとの友愛を深めれば深めるほど、キリストとの交わりを断ち切る大罪から守られます」（同1395）。

聖体の宴《うたげ》に定期的に近づくことは、自分の属するキリスト教共同体とのきずなを新たにし、強め、深めます。エウカリスチアは教会をつくるという原則どおり（同1396参照）、エウカリスチアはわたしたちを一つに結ぶのです。

最後に申し上げます。エウカリスチアにあずかるということは、他者に、とりわけ、貧しい人々に対して義務を負うことであり、キリストのからだから兄弟姉妹のからだへと進むことを教えます。キリストは、兄弟姉妹のうちにおられるご自分が、気づかれ、尽くされ、敬われ、愛されることを待っておられます（同1397参照）。

土の器に納めてキリストとの一致という宝を持ち歩いているのですから（二コリント4・7参照）、わたしたちは、小羊の婚宴の至福を存分に味わうはずの天の国に入るまで（黙示録19・9参照）、聖なる祭壇につねに立ち帰る必要があります。

ミサをあらためて見直す旅を、皆でともになし遂げるようにと与えてくださったことを主に感謝しましょう。そして新たにされた信仰で、わたしたちのため、この時代に生きる人のために死んで復活されたかたである、イエスとのこのまことの出会いへと引き寄せていただきましょう。わたしたちの人生が、復活祭のように、希望の花、信仰の花、善行の花で、いつも「満開」でありますように。そのための力を、エウカリスチアのうちに、イエスと一つになることのうちに、いつでも見いだすことができますように。皆さん、ご復活おめでとうございます！

（二〇一八年四月四日、サンピエトロ広場にて）

洗礼

はじめに

愛する兄弟姉妹の皆さん、おはようございます。

復活節の五十日間は、キリスト者のいのちについて振り返るにふさわしい期間です。キリスト者のいのちは、その本性上、キリストご自身からもたらされます。現にわたしたちは、自分の中にイエス・キリストが生きてくださるようにするかぎりにおいて、キリスト者なのです。もともとでないとすれば、いつからこの自覚が兆すのでしょうか。わたしたちにキリスト者のいのちをともした秘跡からでしょうか。その秘跡こそ洗礼です。新しさに満ちたキリストの過越は、わたしたちをご自分の姿に変えるために、洗礼を通してわたしたちのもとにたどり着きます。洗礼を受けた人はイエス・キリストでできています。そのかたが、彼らの存在の主です。洗礼は「キリスト者の生活全体の基礎」(『カトリック教会のカテキズム』1213)です。洗礼は最初の秘跡であり、扉として、主キリストがわたしたちのペルソナのうちに住まわれるようにし、ご自分の神秘にわたしたちが浸れるようにしてくださいます。

「洗礼を行う」というギリシア語の動詞は、「浸す」ことを意味します（同1214参照）。水浴は、ある状態から別の状態への移行を表す、もろもろの信仰に共通の儀式であり、新たな始まりのための清めのしるしです。ですがわたしたちキリスト者が忘れてはならないのは、水に浸されるのが肉体であるならば、キリストに浸されるのは霊魂だということです。それは罪のゆるしと神の光の輝きを受け取るためです（テルトゥリアヌス「死者の（肉体の）復活について」［*De carnis resurrectione* VIII 3: CCL 2, 931; PL2, 806］参照）。洗礼は、聖霊の働きによってわたしたちを主の死と復活に浸し、洗礼盤に、神から離れるという罪に支配された古い人を沈めます。そして、イエスにおいて新たに造られた新しい人を生み出します。イエスにおいて、アダムの子らは皆新しいいのちに招かれています。つまり、洗礼とは新たに誕生することです。当然、わたしたちは皆、自分の誕生日を覚えていますね。もちろん。ではどうでしょう、少し心配ですがお尋ねします。自分の受洗日を覚えていますか。はい、と答えた人がいますね。安心しました。でもちょっと少なかったですね。多くの人が覚えていなかったのでしょう。誕生日は祝うのに、どうして新たな誕生の日は祝わないのですか。せめてその日を覚えていましょう。今日は宿題を出します。自分の受洗日を覚えていない人は、お母さんや、おじさん、おばさんに、めいやおいに聞いてみてください。「受洗日がいつか知っていますか」と。そしてその日を決して忘れないでください。また、その日のことを主に感謝してください。その日はまさしくイエスがわたしたちの中に入られた日、聖霊がわたしたちの中に入られた日だからです。宿題はよく理解できましたか。わたしたちのだれもが、自分の受洗日を覚えていなければなりません。もう一つの誕生日、新生の誕生日なのです。くれぐれもこの課題を忘れないでくださいね。

復活した主が使徒たちに残した最後のことばを思い出しましょう。それはまさしく命令です。「だから、あなたがたは行って、すべての民をわたしの弟子にしなさい。彼らに父と子と聖霊の名によって洗礼を授けなさい」（マタイ28・19）。洗礼の洗いにより、キリストを信じる者は三位一体のいのちそのものに浸されます。

洗礼の水は、間違いなくただの水ではありません。「いのちの与え主である」（ニケア・コンスタンチノープル信条）聖霊が来てくださるよう願う水です。神のいのちのうちに生まれることを説明するために、イエスがニコデモに語ったことを考えてみましょう。「だれでも水と霊とによって生まれなければ、神の国に入ることはできない。肉から生まれたものは肉である。霊から生まれたものは霊である」（ヨハネ3・5―6）。したがって、洗礼は「再生」とも呼ばれます。わたしたちは神が「ご自分のあわれみによって、……聖霊によって新しく生まれさせ、新たに造りかえる洗いを通して」（テトス3・5）わたしたちを救ってくださったことを信じています。

このように洗礼は、新しいいのちを生きるために、造り変えられることを表す力あるしるしです。聖パウロはローマの信者に伝えています。「それともあなたがたは知らないのですか。キリスト・イエスに結ばれるために洗礼を受けたわたしたちが皆、またその死にあずかるために洗礼を受けたことを。わたしたちは洗礼によってキリストとともに葬られ、その死にあずかるものとなりました。それは、キリストが御父の栄光によって死者の中から復活させられたように、わたしたちも新しいいのちに生きるためなのです」（ローマ6・3―4）。

洗礼はまた、キリストにわたしたちを浸すことにより、わたしたちをキリストのからだの肢体、すなわち教会の一員にし、この世におけるその使命に参与する者とします（『カトリック教会のカテキズム』1213参照）。洗礼を受けたわたしたちは、切り離された個々ではありません。キリストのからだの肢体です。イエスの次のことばは、洗礼盤からあふれる生命力を表現しています。「わたしはぶどうの木、あなたがたはその枝である。人がわたしにつながっており、わたしもその人につながっていれば、その人は豊かに実を結ぶ」（ヨハネ15・5）。キリストから洗礼を受けた者へと流れる聖霊の同じいのちが、彼らを一つのからだに結び合わせます（一コリント12・13参照）。そのからだは、聖なる塗油を受け、聖体の宴《うたげ》で養われます。

洗礼によって、キリストはわたしたちのうちで生きられるようになり、わたしたちはキリストと結ばれて生きられるようになります。それは、それぞれが自分の置かれた場で、世界の変革に教会を通して協力するためにです。ただ一度受ける洗礼の洗いは、わたしたちの生涯を照らし、天上のエルサレムへと向かうわたしたちの歩みを導きます。洗礼には、その前と後の期間があります。この秘跡は、求道期と呼ばれる信仰養成の過程を設けることを前提とし、成人の洗礼志願者の場合、この過程は必須です。一方幼児もまた、古い時代より、親の信仰において洗礼に授かってきました（「幼児洗礼式の緒言」2参照）。これについて少し話したいと思います。「なぜ、何も分からない幼児に洗礼を授けるのか。その子が成長し、物事が分かるようになり、自ら洗礼を望むようになるのを願えばよいではないか」――そう考える人もいます。しかしそれでは、聖霊を信頼していないことになります。小さな子どもに洗礼を授ければ、聖霊は小さなころからその子の中で、キリスト者の徳を、それが花開くよう育てるのです。このチャンスをすべての人に、すべての子どもに、与え続けなければなりません。彼らが、生涯を通じて導いてくださる聖霊を得るためにです。子どもたちに必ず洗礼を受けさせてください。洗礼はすべての人に、成人にも幼児にも、いかなるときも無償で与えられる贈り物です。しかし生命力にあふれる種のように、この贈り物は信仰によって豊かに肥えた大地に根を張り、実を結びます。毎年、復活徹夜祭に更新している洗礼の約束を、毎日思い起こさなければなりません。それは洗礼により「キリスト化」されるためです。このことばにたじろいではなりません。洗礼はわたしたちを「キリスト化」します。洗礼を受けて「キリスト化」されつつある者は、キリストらしくなり、キリストにおいて変えられ、自らをもう一人のキリストとするのです。

（二〇一八年四月十一日、サンピエトロ広場にて）

キリスト者の信仰のしるし

愛する兄弟姉妹の皆さん、おはようございます。

この復活節の間は、洗礼に関する連続講話を続けましょう。洗礼の意味は洗礼式に明確に表れていますから、洗礼式を見てみましょう。その典礼での動作やことばに注目することで、つねに新たに受け止めるべき、この秘跡における恵みと約束とを理解することができるでしょう。わたしたちはこれらを、主日のミサの始めに行われる聖水の灌水や、復活徹夜祭での洗礼の約束の更新を通して思い起こしています。事実、洗礼式で行われることは、受洗者の全人生を貫く霊的な活力を生じさせます。それは、教会においてキリストと結ばれて生きられるようになる歩みの出発点です。ですからキリスト者のいのちの原点を振り返ることにより、わたしたちが洗礼の日に受けたたまものをさらに理解することができ、自分が置かれている状況の中で、そのたまものにふさわしいものとなる約束を新たにすることができます。洗礼の日の誓いを新たにし、そのたまものへの理解を深め、洗礼の日のことを思い起こすのです。先週の水曜日には、自分が洗礼を受けた日、受洗日を知ることを宿題にしました。知っている人も、知らない人もいると思います。その日を知らない人は、親類や代父母に聞いてください。「わたしの受洗日はいつだったの?」と。洗礼は新たに生まれることで、第二の誕生日のようなものだからです。分かりましたか。この宿題をやってきてくださいね。「わたしの受洗日は何月何日だったの?」と尋ねてください。

最初に行われる紹介では、志願者は名前を尋ねられます。名前はその人のアイデンティティを表しているからです。自己紹介するときには、まず名前をいいます。「わたしの名前は――」ということで、匿名性から脱します。匿名とは名前をもたないことです。匿名性から脱け出すために、わたしたちはまず名前をいいます。名前がなければ、権利も義務もない、見知らぬ人のままです。神は、それぞれ具体性の中にあるわたしたちを、個別に、それぞれ愛しているため、一人ひとりを名前で呼んでおられます。洗礼は、キリスト者として生きなさいという各人への召命に火をつけ、生涯を通じて盛んにし続けます。しかもそこには、個人としての答え、「コピペ」のような借り物ではない、応答が含まれています。実のところキリスト者の生活は、呼びかけと応答の連続によって織りなされています。神は何年にもわたってわたしたちの名前を口にし続け、ご自分の独り子イエスに近づいていくようにという呼びかけを、あまたのしかたで響かせておられます。ですから名前は重要です。とても大切なのですよ。親は、出生前から、わが子にどんな名をつけようかと考えます。これも、その子の誕生を楽しみにしていることの表れです。自分の名前をもつことで、独自のアイデンティティをもつ子どもに、神に結ばれたキリスト者らしい人生をも望んでいるのです。

キリスト者になることは、もちろん天からのたまものです（ヨハネ3・3―8参照）。信仰は買い求められるものではなく、そうです、願い求めるもの。そうです、贈り物として受けるものです。「主よ、信仰のたまものをわたしにお与えください」。なんと美しい祈りでしょう。「信仰がもてますように」。美しい祈りです。これはたまものとして願い求めるものであり、買い求めることはできません。請い願うものです。事実、「洗礼は信仰の秘跡です。この信仰の秘跡によって聖霊の恵みに照らされ、キリストの福音にこたえるのです」（「入信の秘跡の緒言（規範版）」3［「同（日本語版）」5参照］）。洗礼式で実際に読まれる神のことばに耳を傾けるといった、志願者の養成や親の準備は、福音にこたえていこうという真摯な信仰がわき上がり、かき立てられるためのものです。

成人の志願者であれば、教会からたまものとして受けたいものを本人が願いますが、幼児の場合は、親が代父母とともに示します。親や代父母との対話句は、彼らには子どもに洗礼を授けたいという意向を、教会にはそれを執り行おうという意向を、表明できるようにします。「司式者と親は、幼児の額に十字架をしるすことによってそれを表す」（「幼児洗礼式緒言（規範版）」16［「同（日本語版）」10参照］）。「十字架のしるしは、これからキリストに結ばれる者の上にキリストの刻印をしるすものであり、同時に、キリストが十字架上でわたしたちのために得られたあがないの恵みを示すものでもあります」（『カトリック教会のカテキズム』1235）。洗礼式では、幼児に十字架のしるしをします。ここで、以前話したことを繰り返したいと思います。子どもたちは、正しい十字架のしるしができていますか。十字架のしるしができない子どもたちをよく目にします。ですから皆さんが、お父さん、お母さん、おじいさん、おばあさん、代父母が、正しい十字架のしるしのしかたを教えなければなりません。なぜなら、それは洗礼式で行われたことの反復だからです。納得いただけますか。ちゃんと十字架のしるしをするよう、子どもたちに教えてください。幼いころに身に着ければ、大人になっても正しくできます。

十字架は、わたしたちが何者であるかを表す名札のようなものです。わたしたちのことば、思い、まなざし、行いは、十字架のしるしのもとに、つまりイエスが最後まで貫いた愛のしるしのもとにあるのです。幼児は額に十字架のしるしを受けます。成人の志願者も、次のことばを受けて、感覚器に十字架のしるしを受けます。「主の声を聞けるよう、耳に十字架のしるしを受けなさい」。「神のみ顔の輝きを仰ぎ見られるよう、目に十字架のしるしを受けなさい」。「神のことばにこたえられるよう、唇に十字架のしるしを受けなさい」。「信仰によってキリストがあなたの心に宿るよう、胸に十字架のしるしを受けなさい」。「キリストの甘美な軛《くびき》を担うことができるよう、肩に十字架のしるしを受けなさい」（『成人のキリスト教入信式（規範版）』85「入門式」での対話句）。キリスト者は、「過越」のしるしである十字架が刻まれ（黙示録14・1、22・4参照）、キリスト者として生きる姿勢が外からも見えるようになって初めて、キリスト者となります。十字架のしるしを、目覚めたときに、食事の前に、危険を前にしたときに、悪から守ってもらいたいときに、寝る前にすることは、自分がだれに属し、だれのようになりたいのかを、自分自身と他者に伝えることです。だからこそ、子どもたちに正しい十字架のしるしを教えることがとても大切なのです。そして、小さな容器に聖水を少し入れて、聖堂に入るときにすることを家でもしてみましょう。なさっているご家庭もありますね。出入りするたびにその水をつけて十字架のしるしをして、洗礼を受けていることを思い起こしましょう。くどいようですが、どうか忘れずに、子どもたちに十字架のしるしのしかたを教えてください。

（二〇一八年四月十八日、サンピエトロ広場にて）

悪に打ち勝つ力

愛する兄弟姉妹の皆さん、おはようございます。

いつでも神のことばに照らされて、洗礼に関する考察を続けましょう。洗礼志願者を照らし、信仰という同意を引き出すのは福音にほかなりません。「洗礼は、信仰生活に入る秘跡的な入り口ですから、特別に「信仰の秘跡」なのです」(『カトリック教会のカテキズム』1236)。信仰とは、「永遠のいのちに至る水がわき出る……泉」(ヨハネ4・14)、「世の光」(ヨハネ9・5)、「復活であり、いのち」(ヨハネ11・25)である主イエスに自身をゆだねることです。今日でも、キリスト教の入信を間近に控えた洗礼志願者がたどる過程で教えられるとおりです。イエスに耳を傾け、イエスの教えとそのわざから学ぶことで、洗礼志願者は、生きた水に渇くサマリアの女、光が見えるようになった生まれつき目の見えなかった男、墓から出てきたラザロ――彼らの体験を追体験します。福音は、信仰をもってそれを受け入れる人を変える力を宿しています。喜びと新たないのちをもって主に仕えられるように、悪の支配からその人を引き離すのです。

洗礼盤には、決して独りでではなく、教会全体の祈りに支えられて向かいます。悪霊の拒否と、洗礼志願者の油による洗礼直前の塗油（訳注：司教協議会の決定で省くことができるため、日本では塗油は行わない）に先行する、諸聖人の連願を思い起こせば分かります。それらは古い時代から、神の子どもとして新たに生まれるために備える人々への約束を表すものです。教会の祈りが悪と闘う彼らを助けてくれること、正しい道を歩むよう寄り添ってくれること、神の恵みの国に加われるよう罪の力から逃れる彼らを支えることを約束する行為です。それが教会の祈りです。教会はあらゆる人のために、わたしたち全員のために祈り続けます。わたしたちは教会ですから、他者のために祈ります。だれかのために祈るのはすばらしいことです。差し迫った必要がなければ祈らない、そんなことが多すぎます。教会と一つになって、人々のために、わたしたちは祈らなければなりません。「主よ、困っている人々のために、信仰をもたない人々のために祈り求めます……」。どうか忘れないでください。教会の祈りはいつも行われています。さらにいえば、わたしたちはその祈りに加わり、すべての神の民のために、そして祈りを必要としている人々のために祈らなければなりません。だからこそ、司祭が繰り返し祈る、解放を求める祈りには、成人の洗礼志願者の歩みの特徴がよく出ているのです（『カトリック教会のカテキズム』1237参照）。それはすなわち、キリストから遠ざけ、キリストと固く結ばれるのを妨げるあらゆるものからの解放を願い求める祈りです。幼児に対してもわたしたちは、その子が原罪から解放され、聖霊の住まう場として聖なる者とされるよう神に願い求めます（『幼児洗礼式（規範版）』49『同（日本語版）』37」参照）。子どもたちのために――。心身が健やかにとの、子どもたちのための祈りです。祈りをもって子どもたちを守るものです。福音があかししているように、イエスご自身、神の国の到来を明らかにすべく悪霊と闘い、悪霊を追い出しました（マタイ12・28参照）。イエスが悪の力に打ち勝つことにより、喜びをもたらし、いのちと和解させてくださる神の支配が拡大するのです。

洗礼は魔法の薬ではなく、聖霊のたまものです。それは洗礼を受けた人を「悪霊と闘える」ようにします。そしてその人は、神は「悪霊の力を取り除き、人を闇から光の国に導くために御ひとり子を世にお遣わしになった」（『幼児洗礼式（規範版）』49『同（日本語版）』37」）と信じるようになります。キリスト者の生活はつねに誘惑にさらされていること、なかでも、神から離れる誘惑、神のみ旨から、神との交わりから遠ざかり、世俗の誘いの罠《わな》に引き込まれるという誘惑にさらされていることを、わたしたちは経験から知っています。洗礼は、こうした日々の闘いに向けてわたしたちを備えさせ、力づけます。聖ペトロがいうように、獅子のように、わたしたちを食い尽くそうとしている悪魔との闘いに向けての、力を与えるのです。

祈りに加えて、「いのちの泉で新たに生まれる前に、悪霊と罪を放棄することができるように強められる」（「聖香油のミサ」緒言2）洗礼志願者の油を用いて、胸への塗油も行われます（訳注：113頁訳注参照）。油には、身体の組織に染み込み、それを活性化させる力があります。したがって、古代の戦士はからだ中に油を塗ることにより、筋肉を強化し、さらに敵からつかまれてもすり抜けやすくしていました[1]。こうした象徴を踏まえて、初期のキリスト教共同体では、司教によって祝福された油を洗礼志願者のからだに塗る習慣が採用されました。この「救いのしるし」を通して、悪と闘い、悪を打ち負かすために、救い主キリストの力が強めてくださることを表すためにです（『幼児洗礼式（規範版）』87参照）。

悪魔と闘い、その策略をかわし、格闘後に力を取り戻すのは大変なことですが、キリスト者の生活とはそもそも闘いであることを知らなければなりません。ですが同時に、わたしたちは独りではなく、母なる教会が、洗礼において新たに生まれ、悪魔の罠にはまることなく、キリストの過越の力によってその罠を打ち砕くことができるよう祈ってくれていることも知らなければなりません。この世の支配者を追放したかた（ヨハネ12・31参照）である復活の主に強められ、わたしたちも信仰をもって聖パウロのことばを繰り返すことができます。「わたしを強めてくださるかたのおかげで、わたしにはすべてが可能です」（フィリピ4・13）。イエスからいただいた力があれば、わたしたちはだれもが、どんなものにも打ち勝つことができるのです。

（二〇一八年四月二十五日、サンピエトロ広場にて）

（1）　この油の意味を表した祝福の祈りはこうです。「信じる者を強め助けてくださる神よ、あなたは油を力のしるしとして与えてくださいました。この油を祝福し、洗礼の準備のため、これを額に受ける人々に勇気と英知をお与えください。洗礼志願者が、キリストの福音を深く理解し、信仰の道に進んで行くことができますように。また、あなたの子どもにふさわしいものとなって教会の中に新たに生まれ、生きる喜びにあずかることができますように」（「聖香油のミサ」洗礼志願者の油の祝福）。

いのちの始まり

愛する兄弟姉妹の皆さん、おはようございます。

洗礼に関する連続講話を続けます。今日は洗礼盤の前で行われる中心的な儀式に着目したいと思います。

最初に水について考えましょう。新たに造られ、新たにされる力が得られるよう（ヨハネ3・5、テトス3・5参照）、その水に聖霊の力を願い求めます。水はいのちと繁栄の母です。水がなければ、砂漠で起こるように、いっさいの豊穣さが失われます。一方、水は死の原因にもなりえます。波に飲まれたり、洪水で何もかもさらわれてしまうのです。そして最後に、水には、洗い、清め、純化する力もあります。

こうした広く知られている自然の象徴性から、聖書は神の介入と約束を水のしるしによって描いています。ですが、水自体に罪をゆるす力があるわけではありません。聖アンブロジオはそれを、新たに受洗した人にこう説明しています。「あなたは水を見た。しかし、すべての水がいやすわけではない。キリストの恩恵をもっている水がいやすのである。……働きは水によって行われるが、効果は聖霊からくる」（『秘跡についての講話』*De sacramentis* 1,15［熊谷賢二訳、『秘跡』創文社、一九六三年、八十頁］）。

したがって教会は、「洗礼によって、すべての人がキリストとともに葬られ、キリストとともに新しいいのちに生きることができますように」（『幼児洗礼式（規範版）』54［『同（日本語版）』40］）と、水の上に神の霊の働きを祈り求めます。水の祝福の祈願文では、神は水を、「洗礼の恵みを表す」よう用意されたといって、聖書に描かれた重要な予型を思い起こします。神の霊が創造の起源となる水の面《おもて》を覆い、その水をいのちの種としたこと（創世記1・1―2参照）、洪水の水が罪の終わりと新しいいのちの始まりのかたどりとなったこと（創世記7・6―8、22参照）、紅海の水によってアブラハムの子孫がエジプトへの奴隷状態から解放されたこと（出エジプト14・15―31参照）です。イエスについては、ヨルダン川での洗礼（マタイ3・13―17参照）、わき腹から流された血と水（ヨハネ19・31―37参照）、父と子と聖霊の名によってすべての民に洗礼を授けるよう弟子たちに与えた命令（マタイ28・19参照）が思い起こされます。わたしたちはこうした記憶に励まされ、死んで復活されたキリストの恵みが洗礼盤の水に注がれるよう神に願い求めます（『幼児洗礼式（規範版）』54参照）。このように、この水は聖霊の力を宿した水に変えられます。そして聖霊の力を備えたその水によって、人々に洗礼を、大人にも子どもにも洗礼を授けるのです。

洗礼盤の水が祝福されたなら、洗礼を受ける心を整えなければなりません。それは、悪霊の拒否と信仰宣言――両者は密接に結びついています――をもって行われます。それは、悪魔――引き裂く者――の勧めに対して「いいえ」と答えるかぎり、思いと行いをもってご自分に形づくられるよう求めておられる神に「はい」と答えられているのです。悪魔は分裂をもたらします。対して神は、いかなるときも、共同体を一つにし、人々を一つの民にしてくださいます。条件付きでキリストに従うことなどできません。他者を本当にかき抱《いだ》くには、ある特定の関係から離れる必要があります。神と仲良くなるか、悪魔と仲良くなるかです。だからこそ、悪霊の拒否と信仰告白が続けて行われるのです。キリストという新しい道を選ぶためには、それまでの関係を断ち切り、そこから離れる必要があるのです。

「あなたは、悪霊と、その働きと、いざないを退けますか」という問いに対する答えは、一人称単数で、「(わたしは) 退けます」と述べるものです。同様に、「(わたしは) 信じます」といって教会の信仰を告白します。「(わたしは) 退けます」、「(わたしは) 信じます」。これこそが、洗礼の基盤です。それは神への信頼を具体的な行いに移すよう求められる、責任ある選択です。信じる行為は、人生のさまざまな事情や試練の中でも粘り強く信仰を守り続ける助けになるのは、まさしく洗礼であるとの思いを前提とします。イスラエルの民の古い知恵を思い起こしましょう。「子よ、主に仕えるつもりなら、自らを試練に向けて備えよ」（シラ2・1）。闘いに備えてください。聖霊の存在が、しっかりと闘う力を授けてくださいます。

愛する兄弟姉妹の皆さん。聖水を手につけ――聖堂に入るときには聖水に浸します ね――十字架のしるしをするときには、感謝と喜びの気持ちで自分が受けた洗礼のことを考えましょう。その聖水は洗礼を思い起こさせます。そして新たな思いで「アーメン」、「満足しています」といってください。至聖なる三位一体の愛に浸って生きるためにです。

（二〇一八年五月二日、サンピエトロ広場にて）

新しいいのちに生きる

兄弟姉妹の皆さん、おはようございます。

洗礼の秘跡に関する講話を続けていますが、今日は三位一体の神への呼びかけを伴う、聖なる洗いについて話したいと思います。それは、キリストの過越の神秘にあずかり、厳密な意味で「洗礼」――つまり浸す――の儀といえる要《かなめ》の式です（『カトリック教会のカテキズム』1239参照）。この行為の意味について、聖パウロはローマの信者にあてて、質問をしたうえで次のように思い出させます。「それともあなたがたは知らないのですか。キリスト・イエスに結ばれるために洗礼を受けたわたしたちが皆、またその死にあずかるために洗礼を受けたことを」。そしてこう答えます。「わたしたちは洗礼によってキリストとともに葬られ……ました。それは、キリストが……死者の中から復活させられたように、わたしたちも新しいいのちに生きるためなのです」（ローマ6・3―4）。洗礼はこの世のいのちではなく、復活のいのちへの扉を開きます。

それはイエスによるいのちです。

洗礼盤は、キリストとともに過ぎ越す場なのです。情欲に惑わされた古い人を脱ぎ捨て（エフェソ４・22参照）、新しい被造物として生まれます。古いものは過ぎ去り、新しいものが生じるのです（二コリント５・17参照）。エルサレムの聖チリロのものとされる「教話」では、新受洗者たちに、洗礼の水で彼らに何が起きたかが説明されています。聖チリロのその説明はみごとです。「死ぬと同時に生まれたあなたがたにとって、その救いの水は墓地でもあり、母胎でもあったのです」（「洗礼志願者のための秘義教話」*Catecheses mystagogicae* 2, 4-6: PG 33, 1079-1082［G・ネラン、川添利秋訳注、『キリスト教研究叢書ろごす XII洗礼式』紀伊國屋書店、一九六三年、一四二頁。］）。新しい人として生まれるためには、罪に侵された人は灰とならなければなりません。洗礼盤に見て取れる墓と子宮の象徴は、洗礼の簡潔な行為によっていかに偉大なことが起きているかを実に鮮やかに表しています。ラテラノ大聖堂の古代ローマ時代の洗礼堂には、教皇シスト三世のものとされることばがラテン語で刻まれています。わたしはこのことばが大好きです。「母なる教会は、神の息により宿した子らを、この水の中で、処女なるままに産み出す。この泉で新たに生まれる者たちよ、天の国を待ち望め（Virgineo fetu genitrix Ecclesia natos / quos spirante Deo concipit amne parit. / Caelorum regnum sperate hoc fonte renati）」。なんと美しいことばでしょう。洗礼によって、わたしたちを生んだ教会、わたしたちを宿した教会は、わたしたちの母なのです。

両親が地上のいのちを与えてくれるならば、教会は洗礼を通して永遠のいのちを与えてくれます。わたしたちは御子イエスにおいて子となりました（ローマ8・15、ガラテヤ4・5―7参照）。水と聖霊によって新たに生まれたわたしたちめいめいに、天の御父は永遠の愛をもってその声を響かせてくださいます。「あなたはわたしの愛する子」（マタイ3・17参照）。この御父の声は耳では聞こえませんが、信じる人の心には届きます。そして生涯、わたしたちに寄り添い、決してわたしたちを見捨てません。御父は、わたしたちが生きている間ずっと「あなたはわたしの愛する子」と語りかけてくださいます。神は、お父さんとして、わたしたちを本当に愛しておられ、決してわたしたちを独りにはしません。このことは洗礼の日から始まります。神の子として新しいいのちに生まれたわたしたちは、永遠に神の子です。洗礼は消えない霊印を刻むのですから、繰り返されることはありません。「たとえ罪によって洗礼が救いの実を結ばないようなことがあっても、この霊印はいかなる罪によっても消されることはありません」（『カトリック教会のカテキズム』1272）。洗礼の霊印は決して消えません。「でも神父様、もし人を殺したり、不正なことをしたり、だれもが知るような悪人になったなら、その霊印は消えるでしょう？」。いいえ。そのような行いは神の子としての恥さらしですが、それでも霊印は消えないのです。その人は神の子であり続けます。たとえ反抗されても、神は決してご自分の子らを勘当なさいません。この最後の点が分かりますか。神は決して、ご自分の子らを勘当なさいません。ご一緒に復唱しましょう。「神は決してご自分の子らを勘当なさいません」。わたしは耳が少し遠くなっているので、聞こえませんでした。もっと大きな声で――。「神は決してご自分の子らを勘当なさいません」。すばらしい。

洗礼を通してキリストと一つのからだとなったため、洗礼を受けた人は、「多くの兄弟の中で長子」（ローマ8・29）であるキリストに形づくられます。聖霊の働きを通して洗礼は、多くの人がキリストにおいて一つのからだに作られるために、洗い、聖なる者とし、義とします（一コリント6・11、12・13参照）。そのことは聖香油の塗油に表れています。それは、「受洗者が王的祭司職にあずかり、神の民に加えられたことを示す」（『幼児洗礼式（規範版）』18・3〔『幼児洗礼式の緒言（日本語版）』12・3〕）のです。ですから司祭は、その意味を表す次のことばの後に、受洗者一人ひとりの頭に聖香油を塗ります。「あなたは、神ご自身から救いの香油を注がれて、大祭司、預言者、王であるキリストに結ばれ、その使命に生きるものとなります」（同62〔同45〕）。

兄弟姉妹の皆さん。キリスト者の召命とは、聖なる教会の中でキリストと結ばれて生きること、キリストと同じ使命を果たしていくために同じ奉献に加わること、この世の中に、永遠に続く実りをもたらすこと、それらすべてです。事実、神の民全体が、唯一の霊に力づけられ、「祭司、預言者、王」であるイエス・キリストの職務にあずかり、それらの職務に由来する使命と奉仕の責任を担っています（『カトリック教会のカテキズム』783—786参照）。キリストの王として、預言者としての祭司職にあずかるとは、どういう意味でしょうか。それは、自らを神に喜ばれるいけにえとしてささげ（ローマ12・1参照）、信仰と愛の生活を通してキリストをあかしし（『教会憲章』12参照）、主イエスの模範に倣い、他者に仕えることです（マタイ20・25—28、ヨハネ13・13—17参照）。ご清聴ありがとうございます。

（二〇一八年五月九日、サンピエトロ広場にて）

キリストをまとう

愛する兄弟姉妹の皆さん、おはようございます。

洗礼に関する連続講話は今日で終わります。この秘跡の霊的な効果は、目には見えませんが、新しく創造された者となった人の心に表れるもので、白衣と、ともされたろうそくの授与によって、はっきりと示されます。

新たに作り変える洗いを受け、真の聖性に基づいて、神にかたどって新たに作られた（エフェソ４・24参照）後に、キリストにおいて、そして聖霊を通して受けたいのちの輝きにも似た、新しい純白の衣を新受洗者にまとわせることは、キリスト教初期の時代から、自然なこととして受け止められてきました。この白い衣は、この秘跡で起きたことを象徴的に表すとともに、神の栄光のうちに変容した状態をも告げています。

キリストをまとうことの意味を、聖パウロは、受洗者が深めるべき徳の説明において次のように言及しています。「あなたがたは神に選ばれ、聖なる者とされ、愛されているのですから、あわれみの心、慈愛、謙遜、柔和、寛容を身に着けなさい。互いに忍び合い、責めるべきことがあっても、ゆるし合いなさい。主があなたがたをゆるしてくださったように、あなたがたも同じようにしなさい。これらすべてに加えて、愛を身に着けなさい。愛は、すべてを完成させるきずなです」（コロサイ3・12―14）。

復活のろうそくから火を取る、ろうそくの授与の部もまた、洗礼の効力に気づかせてくれます。司祭は「キリストの光を受けなさい」といいます。わたしたちは自身が光なのではなく、光とは、死者の中から復活して悪の闇を打ち砕いたかた、イエス・キリストであること（ヨハネ1・9、12・46参照）を、このことばが思い起こさせてくれます。わたしたちはその輝きを受けるよう呼ばれているのです。復活のろうそくの火から各自のろうそくに火がつけられるように、復活した主の愛が、受洗者の心に火をともし、光と熱で満たすのです。だからこそ、初期の時代から、洗礼は「照らし」とも呼ばれ、受洗者は「照らされた者」と呼ばれてきたのです。

「いつも光の子として歩み、信仰をもち続けなさい」（『成人のキリスト教入信式（規範版）』226［『同（日本語版）』131］。ヨハネ12・36参照）。これこそが、キリスト者の使命です。幼児の場合、その子にともされた洗礼の恵みの火を大きくするよう面倒を見、信仰を保つのを助けるのは、親と代父母の務めです（『幼児洗礼式（規範版）』73［『同（日本語版)』47」参照)。子どもたちにはキリスト教教育を受ける権利があります。「キリスト教教育は、キリストのうちに示された神の計画を徐々に教え、ついに本人自身が教会の信仰を承認できるように導くことを目標としている」(「幼児洗礼式の緒言」3)。

キリストの生きた現存は、わたしたちの心に刻むべき、守るべき、広げるべきことであり、わたしたちの歩みを照らすともし火、わたしたちの選択を導く光、主との出会いに向かう旅路でわたしたちの心を温める炎です。主が生きて今ここにおられるからこそ、主と固く結ばれる日まで、わたしたちとともに歩む人々を助けることができるのです。黙示録に記されているように、その日には、「もはや、夜はなく、ともし火の光も太陽の光も要りません。神である主がわたしたちを照らし、わたしたちは世々限りなく統治するからです」(黙示録22・5参照)。

洗礼式は、神の子らの共同体にふさわしい、わたしたちの父への主の祈りで結ばれます。事実、洗礼によって新たに生まれた子らは、その後、堅信で聖霊の全きたまものを受け、聖体にあずかり、「お父さん」と呼んで神に向かうことの意味を学びます。洗礼に関するこの連続講話の最後にあたり、わたしは使徒的勧告『喜びに喜べ』にも書いた呼びかけを、皆さん一人ひとりにもう一度伝えます。「あなたの洗礼の恵みを、聖性の歩みの上に実らせなさい。すべてを神に向けて開いておきなさい。そのために、ただひたすらに神を選び、幾度も幾度も神を選びなさい。腐ってはなりません。あなたにはそれができるようにしてくださる聖霊の力があり、聖性は、最後に、あなたの人生の中で聖霊の実となるからです（ガラテヤ5・22―23参照）」（15）。

（二〇一八年五月十六日、サンピエトロ広場にて）

堅信

キリスト者のしるし

愛する兄弟姉妹の皆さん、おはようございます。

洗礼に関する連続講話を終え、聖霊降臨の祭日からのこの時期に考察を深めるよう招かれているのは、聖霊が、その人の人生を動かし、他者のためにそれを開くよう、洗礼を受けた人に働きかけているしるしについてです。イエスは弟子たちに大きな使命を託されました。「あなたがたは地の塩なのです、世の光なのです」（マタイ5・13―16参照）。これらの象徴は、自らの行いを振り返るようわたしたちを促します。なぜなら、塩が少なすぎても多すぎても料理はまずくなり、光が強すぎても弱すぎても見えにくくなるからです。風味を加え腐敗から守る塩に、世を照らす光に、わたしたちを本当にそうしてくださるのは、ただキリストの霊だけです。そしてこれこそが、堅信（聖香油）の秘跡で受けるたまものです。この秘跡について、皆さんと一緒にしっかり考えたいと思います。洗礼を固く確かなものとし、その恵みを強めるので、それには「堅信（confirmatio）」という呼称がつけられています（『カトリック教会のカテキズム』1289参照）。また、聖霊によって油注がれた「キリスト（油を注がれた者）」を指す語である、「聖香油（chrism）」――司教によって聖別された香油――の塗布によって聖霊を受けることから、「聖香油の注ぎ（Chrismatio）」とも呼ばれます。

洗礼によって聖なるいのちへと新たに生まれることが、最初の一歩です。そこからさらに、神の子どもとして行動する、つまり、聖なる教会の中で働いておられるキリストにふさわしい行動を取り、この世におけるキリストの使命に参与しなければなりません。そのため、聖霊の塗油がもたらすものは、「聖霊の助けがなければ、すべてははかなく消えていきます」（「聖霊の続唱」参照）。聖霊の力がなければ、わたしたちは何もできません。聖霊こそが、前に進む力を与えてくれます。イエスが、生涯を通して神の霊に突き動かされていたように、教会生活も、そしてその成員一人ひとりの生活もまた、同じ神の霊に導かれるのです。

イエスは、聖霊の働きによっておとめの胎《たい》に宿り、公生活に入る前にヨルダン川の水から上がり、ご自分に降《くだ》りとどまった神の霊により聖別されます（マルコ1・10、ヨハネ1・32参照）。イエスはそのことを、ナザレの会堂ではっきりと宣言しています。イエスの身分証明書のような、ナザレの会堂におけるその自己紹介の様子はすばらしいものです。どのようなものだったか耳を傾けてみましょう。「主の霊がわたしの上におられる。貧しい人に福音を告げ知らせるために、主がわたしに油を注がれたからである」（ルカ4・18）。イエスは故郷の会堂で、ご自分を油を注がれた者、神の霊によって油を受けた者だと示されたのです。

イエスは聖霊に満たされていて、そしてまた御父によって約束された霊の源です（ヨハネ15・26、ルカ24・49、使徒言行録1・8、2・33参照）。実際、復活されたかたは、復活された夜、弟子たちに息を吹きかけていわれました。「聖霊を受けなさい」（ヨハネ20・22）。そして五旬祭には、ご存じのように、霊の力が使徒たちの上に驚くべき姿で降《くだ》りました（使徒言行録2・1―4参照）。

復活したイエスの「息」は、教会の肺をいのちで満たします。そして確かに「聖霊に満たされた」弟子たちの口は、神の偉大なわざをすべての人に告げ知らせるために開かれます（使徒言行録2・1―11参照）。

先週の主日にお祝いしましたが、聖霊降臨とは教会にとって、キリストにとってのヨルダン川で受けた霊の塗油に当たります。つまり聖霊降臨は、神の栄光に帰するため、人類を聖なるものとするために生涯をささげる、宣教への原動力です。あらゆる秘跡に神の霊が働いているのであれば、堅信の秘跡はとりわけそうです。堅信の秘跡において、「信者は聖霊をたまものとして受ける」（教皇パウロ六世「堅信の秘跡についての使徒憲章（*Divinae consortium naturae*）」）からです。司教は塗油の場面で、「父のたまものである聖霊のしるしを受けなさい」といいます。神の偉大なたまもの、聖霊です。ですからわたしたちは皆、その霊を内に宿しています。わたしたちの心と魂の中には、その霊がおられます。その霊は、人類にとっての本物の塩、本物の光となれるよう、わたしたちを人生において導いてくださいます。

洗礼では、聖霊がわたしたちをキリストに浸し、堅信では、キリストがご自分の霊でわたしたちを満たします。そして、わたしたちをご自分の証人として聖なる者とすることで、天の御父の計画に従って、ご自分と同じ生活と宣教の行動規範に加わるようにしてくださいます。堅信を受けた人の行うあかしは、聖霊を受けるということと、聖霊の創造的霊感への従順を表明します。思うのですが、聖霊が与えられたことは、どうやって分かるのでしょうか。それは、霊のわざを行っているかどうか、霊によって教えられたことばを話しているかどうかによって分かります（一コリント2・13参照）。キリスト者のあかしは、キリストの霊がわたしたちに求め、そうする力を与えてくださったことを行うことにしかないのです。

（二〇一八年五月二十三日、サンピエトロ広場にて）

霊の証印

愛する兄弟姉妹の皆さん、おはようございます。

堅信の秘跡について講話を進めていますが、今日は「この秘跡とキリスト教入信全体との密接な結びつき」（『典礼憲章』71）に焦点を当てたいと思います。

堅信の秘跡を受ける人は、洗礼の恵みを確認して、さらに強めるための、聖香油の塗布を霊的に受けますが、その前に、かつて親と代父母によってなされた約束を更新するよう求められます。ここでようやく、彼ら自身が、教会の信仰を宣言できるようになり、司教の問いかけに対して「信じます」と答える用意が整います。なかでも、「主でありいのちの与え主である聖霊、五旬祭の日使徒たちに与えられたように、今日同じく堅信の秘跡によって特別に注がれている聖霊」（『堅信式（規範版）』23）を信じる準備が整うのです。

聖霊の到来には心を合わせて熱心に祈る必要があるため（使徒言行録1・14参照）、司教は、共同体として沈黙のうちに祈りをささげた後に受堅者に按手をして、その人に助け主（パラクレートス）である聖霊を注ぎ入れてくださるよう神に願います。同じ一つの霊が（一コリント12・4参照）、知恵と理解、判断と勇気、神を知る恵み、神を愛し敬う心（『堅信式（規範版）』25参照）をもたらしてくれるのです。先ほど読まれた聖書の箇所には、聖霊から与えられるこれらのたまものが出てきました。預言者イザヤによれば（11・2）、これらは、使命を果たすようメシアに注がれた、神の霊の七つの徳です。聖パウロもまた、聖霊が結ぶ豊かな実について記しています。それは、「愛であり、喜び、平和、寛容、親切、善意、誠実、柔和、節制です」（ガラテヤ5・22）。ただ一つの霊が、一つの教会を豊かにする、いくつもの贈り物を配ります。霊は多様性のプロデューサーであると同時に、一致のクリエーターでもあります。このように聖霊は、こうした異なったありとあらゆる豊かさと同時に、調和ももたらします。つまり、わたしたちキリスト者が手にする、こうしたすべての霊的豊かさを一つにするのです。

使徒たちの証言による伝承によれば、洗礼の恵みを完成するものである聖霊は、按手を通して授けられます（使徒言行録8・15―17、19・5―6、ヘブライ6・2参照）。この聖書に描かれる按手に加えて、受けた人に充満する聖霊の注ぎをよりよく表すために、聖香油[1]と呼ばれる、香りのついた油の塗布が付け加えられました。今日でも聖香油の塗布は、東方教会でも西方教会でも行われています（『カトリック教会のカテキズム』1289参照）。

油――香油――は治療や美容に役立つもので、身体の組織に浸透することにより、傷をいやし、手足を香らせることができます。その特性から香油は、受洗者を聖なる者として祝福し、その人に浸透し、種々のカリスマで飾ってくださる聖霊を表す聖書的・典礼的シンボルとして採用されました。堅信の秘跡は、司教による按手と、「たまものである、聖霊のしるしを受けなさい[2]」とのことばの後、額に聖香油を塗ることで授けられます。聖霊は、授けられた目には見えない贈り物であり、聖香油は目に見えるその証印です。

聖香油で額に十字架のしるしを受けることにより、受堅者は消えない霊のしるしを受けます。それは、ますます完全にキリストに形づくられ、人々の間に「よい香り」を放つ恵み（二コリント2・15参照）をもたらす「霊印」です。

聖アンブロジオによる、堅信を受けたばかりの人への招きにあらためて耳を傾けましょう。「霊的な証印を押されたことを思い出しなさい。……受けたたまものを守りなさい。神である父はあなたに証印を押し、主キリストはあなたを堅固にし、保証としてあなたの心に霊を与えてくださいました」（「洗礼志願者の秘義教話」*De mysteriis* 7, 42: CSEL 73, 106。『カトリック教会のカテキズム』1303参照）。聖霊は、感謝をもって受け取り、その果てしない創造性に場を譲るべき、過分なたまものなのです。それは、「現代世界の中にイエス・キリストを映す」（使徒的勧告『喜びに喜べ』23）ために、ろうのように、その燃える愛で形成されながら、大切に守り、従順に従うべきたまものなのです。

（二〇一八年五月三十日、サンピエトロ広場にて）

（1）香油の聖別の祈りはこうです。「父よ、あなたの祝福によって、この油を尊いものとし、御子キリストの協力によって聖霊の力を注いでください。この油はキリストの尊い名にちなんでクリスマと名づけられ、あなたはこれを祭司・王・預言者・殉教者の上に注がれました。……人々がアダムから受け継いだ罪から解放され、この尊い油を注がれてあなたの栄光に輝く神殿となり、汚れのないいのちに満ちあふれますように」（「聖香油のミサ」25参照）。

（2）「聖霊を受けなさい」や「たまものとして聖霊を受ける」という表現は、ヨハネ20・22、使徒言行録2・38、10・45―47に見られます。

教会の成長のために

愛する兄弟姉妹の皆さん、こんにちは。

堅信の秘跡に関する考察を続けていますが、今回は、たまものとしての聖霊が受堅者の中で熟し、今度はそれを他の人への贈り物にしていくという効力について考えてみましょう。聖霊はたまものなのです。司教が聖香油の塗布を行う際に、「たまものである、聖霊のしるしを受けなさい」と唱えることを思い出してください。たまものである聖霊は、わたしたちの中に入り実を結びますが、それは次に、それを他者に与えられるようになるためなのです。つねに、与えるために受けるのです。心を倉庫であるかのように、収納し格納するところにしてはなりません。だめです。いつだって、与えるために受けるのです。神の恵みは、それを他の人々に与えるために受けるのです。それこそ、キリスト者の生き方です。ですから自己本位の「わたし」から脱却して、共同体の「わたしたち」に自分を開かせてくれるのは聖霊にほかなりません。それが、与えるために受けるということです。自分中心ではいけません。わたしたちは、他者のために働く、そのたまものの道具なのです。

堅信は、洗礼を受けた人をよりいっそうキリストに倣う者にすることで、教会の神秘体の生きた成員として、より強固に一致させます（『堅信式（規範版）』22参照）。この世における教会の使命は、教会に属する全員の貢献によって遂行されます。教会には、教皇、司教、司祭といった指導者がまずいて、その下にその他もろもろがいる、そう思っている人もいます。違います。わたしたち全員で教会です。わたしたちは皆、互いを聖なる者とし、気遣い合うという責務を負っています。わたしたち全員で教会です。教会ではそれぞれの働きがありますが、全員で教会なのです。知り合いや身近な人から成る生命体として教会を捉えるべきであって、抽象的で自分とは懸け離れたものと考えてはなりません。教会は旅するわたしたち自身です。今日、この広場にいるわたしたちが教会です。わたしたちですよ。わたしたちが教会なのです。堅信は、世界中に広がる普遍教会に受堅者を結びつけますが、それだけでなく、その人の所属する部分教会での生活に能動的にかかわらせます。部分教会は、使徒の後継者である司教を頭《かしら》としています。

ですから、司教は堅信の本来的な役務者です（『教会憲章』26参照）。なぜなら、受堅者を教会に導き入れるからです。ラテン教会においてこの秘跡を授けるのは通常司教であるということは、この秘跡の、「受堅者を教会と、その使徒的起源と、キリストをあかしする使命とにいっそう緊密に結びつける効果」（『カトリック教会のカテキズム』1313）をよく表しています。

教会の一員となることは、堅信式を締めくくる平和のあいさつによく表れています。司教はそれぞれの受堅者に「主の平和」といいます。このことばは、復活の晩に、弟子たちを聖霊で満たしてイエスがかけたことば（ヨハネ20・19—23参照）——先ほど読まれました——を思い起こさせると同時に、「司教ならびに全信者との教会的な交わりという意味が込められて」（『カトリック教会のカテキズム』1301）いる所作を際立たせます。わたしたちは堅信において聖霊と平和を受けますが、その平和は他の人に与えるべきものです。ここで各自、自分の小教区のことを一例として考えてみましょう。堅信式があり、それから互いに平和のあいさつを交わします。司教が堅信を授け、それに続くミサで、互いに平和のあいさつを交わすのです。これは和を、わたしたちの間の愛のわざを、平和を表しています。ですが、それからどうなりますか。外に出て人の悪口をいい、他人を「こき下ろし」始めます。陰口が始まります。ですが、陰口は争いです。いけないことです。わたしたちは聖霊の力によって平和のしるしを受けたのですから、平和の人となり、聖霊が築いた平和をその口で壊さないようにしなければなりません。わたしたちのうちにおられる聖霊のわざが、こんな陰口の習慣になるのなら、聖霊が気の毒ではないですか。よく考えてください。陰口は聖霊のわざではありませんし、教会の一致を表すことでもありません。陰口は、神の手によるものを壊します。お願いします。陰口はやめましょう。

堅信を受けるのは一度きりですが、聖なる塗油によって生じる霊的なダイナミズムはその後も保たれます。福音のうっとりさせるほどの簡潔さに鼓舞されながら、聖なる生活が放つよい香りをあらゆる場所に振りまくという使命を、倦《う》むことなく担い続けようではありませんか。

何人《なんぴと》も、自分のためだけでなく、他の人の霊的な成長に協力するために堅信を受けるのです。自らを開き兄弟姉妹に会いに出向く、そうすることによってのみ、ふりではなく、本当に成長できるはずです。神からのたまものは真実贈られたもので――たまものとは、与えるためのものです――、それゆえ、タラントンのたとえが教えるように（マタイ25・14－30参照）、自分勝手なおそれからしまい込むのではなく、実りを生むべきものです。種もそうです。手にした種は、戸棚にしまって入れっぱなしにしておくべきものではありません。蒔《ま》かれるべきものです。わたしたちは、たまものとして与えられた聖霊を、共同体に与えなければなりません。堅信の秘跡を受けた皆さん、聖霊を「かごの鳥」にしないでください。自由に歩けるよう背を押してくれる、風を妨げないでください。神のため、そして兄弟姉妹のために、自分のいのちを費やすよう導く愛の燃える火を消さないでください。人生で出会う何人もの人に、ことばと行いをもって福音を伝えるための使徒のような勇気を、聖霊が与えてくださいますように。ことばと行いといっても、建設的な、よいことばです。破壊をもたらす陰口のようなことばではありません。聖堂から出たら、どうか思い出してください。受けた平和は、他の人に与えるものであって、悪口雑言によって壊してよいものではないことを。それを忘れずにいてください。

（二〇一八年六月六日、サンピエトロ広場にて）

ペトロ文庫

ミサ・洗礼・堅信——教皇講話集

定価はカバーに表示してあります

2019年 3月29日　第1刷発行
2019年12月10日　第2刷発行

日本カトリック司教協議会認可

著　者　教皇フランシスコ
編訳者　カトリック中央協議会事務局
発　行　カトリック中央協議会
〒135-8585 東京都江東区潮見2-10-10 日本カトリック会館内
☎03-5632-4411(代表)、03-5632-4429(出版部)
https://www.cbcj.catholic.jp/

印刷　株式会社精興社

ISBN978-4-87750-218-8 C0116

乱丁本・落丁本は、弊協議会出版部あてにお送りください
弊協議会送料負担にてお取り替えいたします

ペトロ文庫発刊にあたって

カトリック中央協議会事務局長　酒井俊雄

カトリック中央協議会の主要な任務の一つは、カトリック教会の教義をひろめ、信者を教化育成し、布教の推進を円滑にするための業務および事業を行うことにあります。とくに、教皇および教皇庁、また日本カトリック司教協議会の公文書を日本のカトリック教会と社会に向けて提供し続けることは、当協議会の重要課題であると自覚しています。

この使命を遂行するため、ここにペトロ文庫を発刊することとなりました。ペトロは、十二使徒のかしらであり、ローマの初代司教であり、カトリック教会の初代教皇です。使徒たちの後継者である司教は、ペトロの後継者である教皇との交わりのうちに、人々に奉仕します。とりわけ、信仰と道徳に関して教えるとき、つまり教導職を果たすとき、この交わりは不可欠です。そこで、カトリック中央協議会が新たに発刊する文庫に、初代教皇の名をいただくことといたしました。皆さまが教会公文書により親しむための一助となれば、望外の幸せです。

二〇〇五年十月

❖❖❖ ペトロ文庫既刊 ❖❖❖

教皇フランシスコ

キリスト者の希望——教皇講話集

人生の旅路において、神がともにいてくださることへの確信によってキリスト者が得る希望について、旧約、新約両聖書を通して考察し、孤独や苦しみに満ちた荒れ野を神への信頼をもって力強く歩むすべを語る。

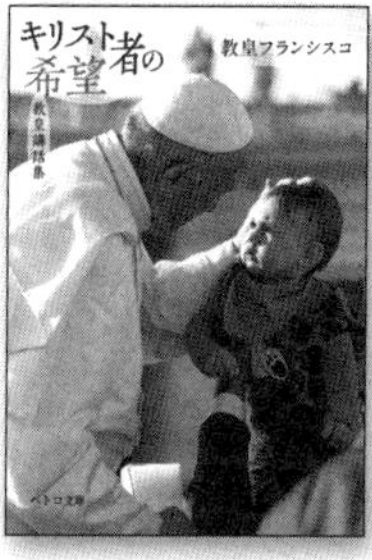

224 頁
定価（本体 800 円＋税）
ISBN978-4-87750-212-6

定価は 2019 年 3 月現在。予告なく変更になる場合があります。

❖❖❖　ペトロ文庫既刊　❖❖❖

教皇フランシスコ

いつくしみ——教皇講話集

旧約聖書における御父のわざを考察し、いつくしみに満ちたイエスの姿を福音書に見る。そして「ゆるすこと」「与えること」といういつくしみの二本の柱を示して、神からの招きを説き、慈善のわざの実践を促す。

224頁
定価（本体800円＋税）
ISBN978-4-87750-208-9

定価は2019年3月現在。予告なく変更になる場合があります。

❖❖❖ ペトロ文庫既刊 ❖❖❖

教皇フランシスコ

家族——教皇講話集

家庭に関する連続講話と関連する講話等を収録。父、母、子など各家族の役割と相互の関係、そして現代の家庭が直面する困難について語り、家庭における親しく温かな交わりを社会にまで広げるよう訴えかける。

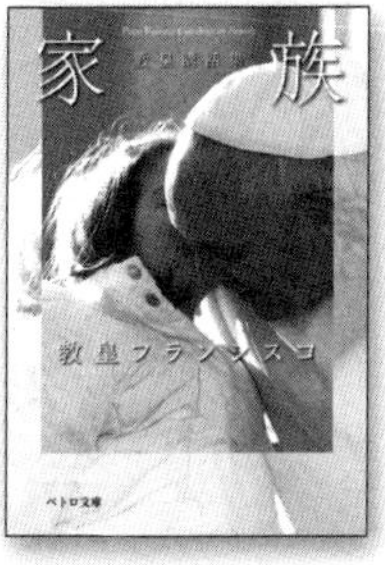

256 頁
定価（本体 900 円＋税）
ISBN978-4-87750-198-3

定価は 2019 年 3 月現在。予告なく変更になる場合があります。

ペトロ文庫既刊

教皇フランシスコ

教皇フランシスコ講話集5

日本の司教への親書、『カトリック教会のカテキズム』公布二十五周年記念講話、核兵器廃絶のための国際シンポジウムでのあいさつ、少数民族問題で揺れるミャンマーとバングラデシュ司牧訪問の振り返り等を収録。

320頁
定価（本体1100円＋税）
ISBN978-4-87750-215-7

定価は2019年3月現在。予告なく変更になる場合があります。

❖❖❖　ペトロ文庫既刊　❖❖❖

教皇フランシスコ

教皇フランシスコ講話集4

ＷＹＤクラクフ大会閉会ミサ、マザー・テレサ列聖式ミサ、宗教改革五〇〇周年記念合同祈禱会、いつくしみの特別聖年閉年ミサでの説教、渡航中亡くなった難民犠牲者を追悼したレスボス島でのあいさつ等を収録。

288 頁
定価（本体 900 円＋税）
ISBN978-4-87750-209-6

定価は 2019 年 3 月現在。予告なく変更になる場合があります。

✤✤✤ ペトロ文庫既刊 ✤✤✤

教皇フランシスコ

教皇フランシスコ講話集3

教皇庁定期訪問中の日本司教団への講話、回勅『ラウダート・シ』の教えをより具体的に情熱をもって語った、草の根市民運動国際大会（ボリビア）や国連総会での演説、いつくしみの特別聖年開年ミサ説教等を収録。

320頁
定価（本体1100円＋税）
ISBN978-4-87750-201-0

定価は2019年3月現在。予告なく変更になる場合があります。

❖❖❖ ペトロ文庫既刊 ❖❖❖

教皇フランシスコ

教皇フランシスコ講話集2

ヨハネ二十三世とヨハネ・パウロ二世の列聖式ミサ説教、聖地や韓国での講話、そして人間の弱さや陥りやすい悪を十五の病として挙げ話題を呼んだ、教皇庁各省庁長官および議長への降誕祭のあいさつ等を収録。

368 頁
定価（本体 1200 円＋税）
ISBN978-4-87750-191-4

定価は 2019 年 3 月現在。予告なく変更になる場合があります。

ペトロ文庫既刊

教皇フランシスコ

教皇フランシスコ講話集1

就任第一年目の講話、説教、お告げの祈りの前のことばなどで構成。最初の祝福、就任ミサ説教、初のイタリア国外司牧訪問となったWYDリオデジャネイロ大会での説教や講話、信仰年閉年ミサ説教等を収録。

272頁
定価（本体900円＋税）
ISBN978-4-87750-183-9

定価は2019年3月現在。予告なく変更になる場合があります。

❖❖❖ ペトロ文庫既刊 ❖❖❖

教皇ベネディクト十六世／教皇フランシスコ

信（クレド）条——教皇講話集

ベネディクト十六世によって始められフランシスコにより完結した『カトリック教会のカテキズム』に沿った信条に関する連続講話。人間を制限するのではなく、人生を真に人間らしいものとする神への信仰の再発見。

288 頁
定価（本体 900 円＋税）
ISBN978-4-87750-185-3

定価は 2019 年 3 月現在。予告なく変更になる場合があります。

❖❖❖ ペトロ文庫既刊 ❖❖❖

教皇ベネディクト十六世

使徒——教会の起源

「使徒の経験から見た、キリストと教会の関係の神秘」をテーマとした連続講話集。「使徒たちの経験」を生き生きと描出しながら、キリストとの個人的な関係を生きることの重要性を平易に説く。

256 頁
定価（本体 850 円＋税）
ISBN978-4-87750-136-5

定価は 2019 年 3 月現在。予告なく変更になる場合があります。

❖❖❖ ペトロ文庫既刊 ❖❖❖

教皇ベネディクト十六世

教父

教会の師父である教父に関する連続講話集。ギリシア教父、ラテン教父各十七名とシリア教父二名を取り上げ、その生涯と思想を通し、教会の歩みがどのように始まり、その基盤が築かれたかを浮き彫りにする。

400 頁
定価（本体 1200 円＋税）
ISBN978-4-87750-143-3

定価は 2019 年 3 月現在。予告なく変更になる場合があります。

❖❖❖　ペトロ文庫既刊　❖❖❖

教皇ベネディクト十六世

イエスの祈り

実践と形式以前に内的態度、神の前での人のあり方そのものである「祈り」に関する連続講話。旧約の族長や預言者の祈り、詩編の祈り、そしてイエスの祈りを、聖書をひもとき考察し、その学びやに誘う。

256 頁
定価（本体 850 円＋税）
ISBN978-4-87750-171-6

定価は 2019 年 3 月現在。予告なく変更になる場合があります。

❖❖❖　ペトロ文庫既刊　❖❖❖

教皇ベネディクト十六世

新約の祈り

使徒言行録、パウロの書簡、ヨハネ黙示録、さらに典礼における祈りを考察し、幼子が両親に抱く信頼をもって神に呼びかけることのできるすばらしさを、「魂と生命の呼吸」である祈りの中で学ぶよう誘う。

168 頁
定価（本体 600 円＋税）
ISBN978-4-87750-175-4

定価は 2019 年 3 月現在。予告なく変更になる場合があります。